AF165400

Nicole Kala

novum pro

www.novumverlag.com

Bibliografische Information
der Deutschen Nationalbibliothek:

Die Deutsche Nationalbibliothek
verzeichnet diese Publikation in
der Deutschen Nationalbibliografie.
Detaillierte bibliografische Daten
sind im Internet über
http://www.d-nb.de abrufbar.

Alle Rechte der Verbreitung,
auch durch Film, Funk und Fernsehen,
fotomechanische Wiedergabe,
Tonträger, elektronische Datenträger
und auszugsweisen Nachdruck,
sind vorbehalten.

© 2021 novum Verlag

ISBN 978-3-99107-651-3
Lektorat: Melanie Dutzler
Umschlagfotos: Marek Valovic,
Piman Khrutmuang | Dreamstime.com
Umschlaggestaltung, Layout & Satz:
novum Verlag

Gedruckt in der Europäischen Union
auf umweltfreundlichem, chlor- und
säurefrei gebleichtem Papier.

www.novumverlag.com

EINLEITUNG

Die Entscheidung, sich einen Hund zuzulegen, ist schnell getroffen. Wir kennen ein Leben mit einem Hund eventuell von Freunden, haben schon des Öfteren auf Hunde aufgepasst oder sie bei gemeinsamen Aktivitäten integriert und verspüren nun den Wunsch, uns endlich unseren eigenen Hund zuzulegen. Vielleicht sind wir auch mit Hunden aufgewachsen und kennen das gemeinsame Leben mit Hund bereits von unseren Großeltern und Eltern und wollen nun selbst so leben. Doch die Entscheidung sollte gut überlegt und durchdacht sein. Es ist eine Entscheidung, hinter der wir die nächsten Jahre stehen sollten, für die wir jahrelang zeitlich und finanziell aufkommen müssen und die wir in weitere sich ändernde Lebensumstände, wie zum Beispiel einen Umzug oder einen Jobwechsel, miteinbeziehen müssen. Einen Hund zu besitzen, kann wunderschön sein. Nicht ohne Grund wird er der beste Freund des Menschen genannt. Er kann uns trösten, wenn wir traurig sind, er bringt viel Freude und Spaß an gemeinsamen Aktivitäten mit, er beschützt uns, wenn es notwendig ist, und ist stets an unserer Seite. Ein Leben mit Hund bedeutet aber auch einiges an Arbeit und Verantwortung. Wir übernehmen mit einem eigenen Hund die Verantwortung für ein anderes Lebewesen mit vielen Bedürfnissen. Genauso wie wir uns auf unseren Hund verlassen wollen, möchte er sich auf uns verlassen können. Die Entscheidung, ob und welcher Hund uns nun die nächsten Jahre auf unserem Lebensweg begleiten soll, sollte daher nicht leichtfertig und vorschnell getroffen werden. Versuchen wir daher, einige wichtige Aspekte vorab durchzudenken und vermeidbare Fehler zu verhindern, um ein entspanntes und angenehmes Miteinander ermöglichen zu können.

DER RICHTIGE HUND FÜR MICH

Wir alle kennen die Situation, auf der Straße einem Hundebesitzer zu begegnen, der gerade mit seinem vierbeinigen Begleiter einen ausgiebigen Spaziergang macht. Vielleicht wohnen wir sogar in der Nähe eines Hundeparks, wo wir täglich Hunde beim Spielen und Toben beobachten können. Und wie oft denken wir uns dabei, wie niedlich diese Hunde sind und wie gerne wir selber einen haben möchten. Noch anziehender ist es, wenn es sich bei diesen Hunden um Welpen handelt, die tollpatschig und neugierig das frische, grüne Gras erforschen. Sieht er dann auch noch plüschig aus oder schenkt uns sogar ein wenig Interesse, ist es blitzschnell um uns geschehen. Oft reichen auch süße Bilder oder Videos aus, um unser Herz zu erobern. Wir bekommen die Eindrücke nicht mehr aus dem Kopf, erkundigen uns bei den Besitzern nach der Rasse und sind fest entschlossen, uns selbst genau so einen Hund zuzulegen. Wir sehen uns vor unserem geistigen Auge schon mit dem gleichen niedlichen Herzensbrecher auf der Wiese spielen und Hundefreunde treffen. Denn dieser Hund entspricht genau unserer Vorstellung. Er sieht süß aus, er wirkt freundlich, vielleicht zeigt er sich sehr sozial oder verspielt. Doch den großen Fehler, den an dieser Stelle viele zukünftige Hundebesitzer machen, versuche ich mit diesem Buch zu vermeiden: Sie fragen sich nicht, ob sie auch den Vorstellungen des Hundes entsprechen und ob der Hund, abgesehen von der Optik, wirklich so ideal für sie ist. Über die Grundbedürfnisse hinaus benötigt jeder Hund unterschiedlich viel Beschäftigung und fordert unterschiedlich viel Zeit und vor allem Erfahrung von seinen Besitzern.

Nehmen wir eine der beliebtesten Rassen als Beispiel, den Border Collie.

Der Border Collie ist ein äußerlich sehr ansprechender Hund. Er hat ein langes, seidiges Fell, welches wir sofort mit vielen Schmuse- und Streicheleinheiten verknüpfen. Sein Blick auf uns Menschen ist stets treu, aufmerksam und warmherzig und seine Größe ist optimal. Er entspricht somit den Vorstellungen und Vorlieben vieler Menschen. Doch was steckt hinter der Fassade? Ein Border Collie ist eine Hunderasse, die durch und durch zum Arbeiten gezüchtet wurde. Selbst lange Spaziergänge, Spielen mit Artgenossen und große Fahrradtouren reichen dem arbeitswilligen Border Collie nicht aus. Es handelt sich hierbei um eine Rasse, die in erfahrene Hände gehört, die seinen Arbeits- und vor allem Hütetrieb zu lenken wissen. Unausgewogenheit – sei sie physischen oder mentalen Ursprungs – kann zu großen Problemen wie Aggression oder Hüteverhalten in unangebrachten Situationen führen. Man sollte sich daher gut überlegen, ob man die Zeit und das Wissen für eine solche Rasse aufbringen kann.

Leider überlegen sich das nicht alle Hundebesitzer vorab. Sie sind vom äußeren Erscheinungsbild so beeindruckt, dass alles andere unwichtig wird – nach dem Motto „Das schaffen wir schon". Dieses Verhalten ist bei uns Menschen nicht unüblich, wir gehen mit unseren Mitmenschen ähnlich um. Niemand wird gerne als oberflächlich bezeichnet. Doch eine gewisse, natürliche Oberflächlichkeit tragen wir alle in uns.

Nach einer Studie des US-Psychologen Albert Mehrabian (1967) sind zu 38 % die Stimme und zu 55 % die Körpersprache unseres Gegenübers ausschlaggebend für das Ergebnis des ersten Eindrucks. Nur die restlichen 7 % werden vom Inhalt des Gesprächs bestimmt. Wir beurteilen, wie die Person auf uns zu kommt, was sie an hat, wie sie spricht, ob sie gepflegt wirkt, ob sie uns anlächelt oder nicht. Oft wissen wir sehr schnell, ob uns dieser Mensch sympathisch ist oder ob wir uns unwohl in seiner oder ihrer Gegenwart fühlen. Oft bleibt dieses Bild des ersten Eindrucks auch nach besserem Kennenlernen bestehen. Hin und wieder erleben wir aber auch, dass uns der erste Eindruck getäuscht hat. Dieses Risiko einer solchen Überraschung sollten wir bei der Auswahl unseres Hundes allerdings nicht eingehen. Im schlimmsten Fall sind wir mit dem neuen Familienmitglied überfordert und es entstehen drastische Verhaltensprobleme. Damit haben wir uns selbst nur noch mehr Arbeit verschafft oder entscheiden uns sogar, uns von dem damals so süßen Welpen im Erwachsenenalter wieder zu trennen. Dies bringt uns selbst zwar Erleichterung, die Geschichte des Hundes hat damit aber erst begonnen.

Umso wichtiger ist es daher, sich vor der Anschaffung eines Hundes genügend Zeit zu nehmen und sich gegebenenfalls auch beraten zu lassen. Es gibt viele Faktoren, abgesehen von optischen Vorlieben, die wir berücksichtigen sollten.

In den folgenden Kapiteln gehen wir die wichtigsten Aspekte durch, um einen Einblick in die vielfältigen Charaktere zu bekommen und zu verstehen, wie wichtig es ist, darauf gezielt einzugehen.

Außerdem sehen wir uns an, welche Möglichkeiten wir bei der Anschaffung haben, wo wir uns am besten nach Hunden umsehen und worauf wir dabei achten sollten.

Zu guter Letzt besprechen wir noch die wichtigsten Vorbereitungen, die wir treffen können, und gehen ein paar guten Tipps nach.

Kapitel 1

DIE UNTERSCHIEDE DER RASSEN

Weltweit existieren Hunderte uns bekannte Hunderassen. Jede einzelne wurde aus bestimmten Gründen gezüchtet. Allgemein lässt sich sagen, dass jede Rasse gezüchtet wurde, um uns Menschen Arbeit abzunehmen. Deutlich wird dieser Gedanke vorallem bei den Jagdhunden, Vorstehhunden oder Schweiß- und Laufhunden. Die einen haben zur Aufgabe, das Wild zu jagen, die anderen wiederum sollen es apportieren, weitere sollen es aufscheuchen, um dem Jäger das Schießen zu ermöglichen. So gibt es zum Beispiel einige Terrier, die extra gezüchtet wurden, um Füchse aus dem Bau zu scheuchen, sie dabei aber nicht zu erlegen.

Heutzutage werden in den Familien Hunde hauptsächlich nur noch als Begleiter gehalten. Diese Tatsache lässt die Instinkte und die durch jahrelanges Züchten entstandenen Triebe aber nicht verschwinden. Wir müssen daher trotzallem auf verschiedenste Weise diesen Bedürfnissen nachgehen.

Wir sollten uns daher vorab fragen, wie wir uns einen Alltag mit unserem Hund vorstellen. Wie viel Zeit wollen und vor allem können wir aufbringen? Wie viel Erfahrung haben wir bereits? Wie sieht unsere aktuelle Wohnsituation aus? Auch ein wichtiger Aspekt ist unsere finanzielle Situation. Die Anschaffung eines Hundes ist meist überschaubar und ein einmaliger Betrag. Dieser kann sich von Rasse zu Rasse sehr unterscheiden und ist natürlich auch davon abhängig, ob wir uns einen Hund von einem seriösen Züchter oder aus einem Tierheim anschaffen. Diesen einmaligen Betrag können wir sparen oder haben ihn bereits beiseite gelegt. Nicht außer Acht zu lassen sind allerdings die laufenden Beträge. Wir müssen Kosten für Futter, Tierarzt, Leckereien und Zubehör wie Spielzeug, Körbchen, Leine und

Geschirr mit einberechnen. Ebenso gewichtig sind die Kosten für Hundeschulen, Einzeltrainer und verschiedene Aktivitäten. Hier spielt die Rasse unseres Vierbeiners wieder eine große Rolle. Legen wir uns einen sehr aktiven, intelligenten und arbeitswilligen Hund zu, sollten wir Kosten für auslastende Aktivitäten wie Agility, Mantrailing oder Pettrailing mit einkalkulieren. Können wir dem Hund solche Aktivitäten finanziell oder zeitlich nicht bieten, sollten wir uns eine Rasse zulegen, die wir auch ohne diese Kurse körperlich und geistig ausreichend auslasten können.

SPORTSKANONE VS. COUCHPOTATO

Grundsätzlich benötigt jeder Hund Bewegung, Auslauf und seine täglichen Spaziergänge. Auch das Treffen und Spielen mit Artgenossen ist für jeden Hund wichtig in seiner Erziehung und Sozialisierung. Manche Rassen heben sich allerdings deutlich aus der Masse hervor, wie zum Beispiel der Belgische Schäferhund. Sie haben einen so großen Drang zu arbeiten und sich körperlich und geistig zu beschäftigen, dass es fatale Folgen haben kann, dies zu vernachlässigen. Ein unausgelasteter Hund kann frustriert sein – ein frustrierter Hund kann unter Umständen aggressiv werden. Wir geben uns also größte Mühe, den Welpen zu sozialisieren, ihm so viel wie möglich vertraut zu machen, ihm Stubenreinheit beizubringen und ihn an verschiedene Umweltreize zu gewöhnen – und trotzallem zeigt er ein aggressives Verhalten in der Pubertät oder im Erwachsenenalter. Wir fragen uns, woher das kommt. Wieso verbellt unser Liebling plötzlich andere Hunde oder sogar Menschen, wo er doch von klein auf mit ihnen gespielt hat? Wir suchen nach schlechten Erfahrungen oder Situationen, die dieses Verhalten ausgelöst haben könnten, doch meist tappen wir im Dunkeln. Oft heißt das Schlüsselwort dann Auslastung! Jede Rasse und jeder individuelle Hund benötigt sie, aber eben unterschiedlich intensiv.

Um solche Probleme daher zukünftig zu vermeiden, sollten wir uns bereits vor der Anschaffung im Klaren sein, wie viel Zeit, Geld und Motivation wir in den nächsten Jahren aufbringen können und welchen Rassen dies gerecht wird.

Bei einem sehr aktiven und arbeitswilligen Hund sollten wir uns daher nach Möglichkeiten erkundigen, wie wir ihn richtig auslasten können. Wir haben viele Möglichkeiten für die körperliche

Auslastung. Es gibt viele Kurse in Hundeschulen, die wir besuchen können, aber auch viele Aktivitäten, die wir privat ausführen können. Unser Hund sollte stets gefordert und gefördert werden. Ebenso gibt es aber auch Möglichkeiten, ihn auf ruhige Art und Weise geistig zu fordern. Wir können Suchspiele in der Wohnung oder im Garten veranstalten, um seine Konzentration und seine gute Nase zu fördern, wir können ihm Tricks beibringen, um ihn zum Nachdenken zu bringen, oder aber auch kleinere Übungen in den Alltag einbauen, wie Blickkontakt halten, um die Bindung zu stärken. Wir sollten auch auf den individuellen Charakter eingehen können. Zeigt sich unser Hund sehr konzentriert und fokussiert, können wir uns mehr der körperlichen Auslastung widmen. Haben wir allerdings einen sehr aufgeregten, nervösen oder gar hibbeligen Hund, sollten wir ihn mehr geistig beschäftigen, um ihn etwas zur Ruhe zu bringen. Wir sehen also: An den Möglichkeiten scheitert es keineswegs. Allerdings ist das sehr zeitintensiv und fordert auch von uns eine gewisse Aktivität.

Wünschen wir uns eher einen gemütlicheren, ruhigeren Alltag, sollten wir auf Rassen zurückgreifen, die sich dem anpassen können. Viele unserer Hunderassen sind durchaus mit ausgedehnten Spaziergängen und dem wöchentlichen Besuch in der Hundeschule zufrieden. Sie können ebenso aktiv sein und benötigen genauso das Laufen und Toben mit Freunden, fordern aber die tägliche Anstrengung nicht extrem. Ein gutes Beispiel ist der Zwergspitz. Sie sind aufgeweckt und fröhlich und wollen ein Teil der Familie sein. Sie sind aber nicht frustriert, wenn nicht jeden Tag die große Herausforderung vor der Türe steht und sind vollends zufrieden, wenn sie in unserem Alltag einen Platz finden und dabei sein dürfen.

Mögliche sportliche Aktivitäten:

- Agility (Absolvierung verschiedener Parcours)

- Degility (konzentriert sich auf die Motorik, den Muskelaufbau und die Konzentrationsfähigkeit unseres Hundes)

- Hoopers Agility (Absolvierung eines Parcours mit Sicht und Hörzeichen aus der Distanz)

- Mantrailing (Aufspüren von Menschen durch den Geruch)

- Social Walks (gemeinsames Spazierengehen, Üben von Hundebegegnungen)

- Hundeschule (ab dem Welpenkurs)

- Fährtenarbeit (Aufspüren und Abgehen von gesteckten Fährten)

- Trickdog (Tricks mit Gegenständen oder mit Besitzer)

BEISPIELRASSEN FÜR SEHR AKTIVE HAUSHALTE

Australian Shepherd

Der Australian Shepherd zählt zu den Hütehunden und ist damit ein gezielt zum Arbeiten gezüchteter Hund. Er zeichnet sich durch seine hohe Intelligenz, sein Temperament und sein großes Lernvermögen aus. Heutzutage ist er vielseitig einsetzbar und in den richtigen Händen ein großartiger Begleiter und Helfer. Er ist nicht für jedermann geeignet und fordert eine gewisse Erfahrung und Geduld von seinen Besitzern. Als eine Rasse, die viel geistige Auslastung benötigt und dadurch viel Zeit und vor allem Aufmerksamkeit in Anspruch nimmt, eignet er sich nicht als Familienhund. Perfekt eignet er sich wiederum für sehr aktive Menschen, die ihrer Leidenschaft im Hundesport nachgehen möchten und genügend Zeit für ihren Hund haben.

Belgischer Schäferhund

Den belgischen Schäferhund gibt es in vier Varianten, die sich lediglich im Fell unterscheiden (Groenendael, Tervueren, Malinois, Laeken). Er gilt als großartiger Arbeitshund, ist sehr intelligent und zu Höchstleistungen fähig. Aus dem heutigen Hundesport ist der Belgier kaum noch wegzudenken. Durch seinen enormen Arbeitswillen gehört er stets gefordert und geistig ausgelastet. Er zeigt sich anspruchsvoll betreffend Haltung und Umgang, lässt sich viel Zeit, erwachsen zu werden (meist erst mit drei Jahren mental ausgereift), und braucht unbedingt aktive Menschen an seiner Seite. Ruhetage auf der Couch sind hier fehl am Platz.

BEISPIELRASSEN FÜR GEMÜTLICHERE HAUSHALTE

Berner Sennenhund

Der Berner Sennenhund erweist sich bis heute als perfekter Familienhund. Er ist überaus freundlich, loyal und aufgeschlossen. Nicht umsonst nennt man ihn den sanften Riesen. Auch er benötigt natürlich seinen Auslauf und das Spielen mit Artgenossen, ist aber keineswegs für Hundesport geeignet. Auch Fahrradtouren sollte man wegen seines sensiblen Knochenbaus eher unterlassen. Er ist sehr menschenbezogen und möchte ein Teil der Familie sein. Gemeinsame, ausgedehnte Spaziergänge sind daher ideal, um Zeit miteinander zu verbringen und dem Hund die nötige Auslastung zu bieten.

Malteser

Der Malteser hat ein ausgesprochen fröhliches Wesen. Er zeigt sich intelligent, temperamentvoll, sehr verspielt und menschenbezogen. Er möchte unbedingt in die Familie integriert werden und als ein Mitglied angesehen werden. Er ist ideal für Familien, auch mit Kindern, für gemeinsame Spaziergänge und Beschäftigungen. Man kann ihm sehr viel beibringen und durch sein aufgeschlossenes Wesen super in den Alltag miteinbeziehen. Er ist aufmerksam und aufgeweckt und probiert den einen oder anderen Sport sicher gerne einmal aus, fordert aber nicht die große, tägliche Auslastung. Auch ein oder zwei gemütliche Tage zwischendurch sind für den Malteser kein Problem.

GROSS VS. KLEIN

Wir wissen nun also, wie aktiv unser Hund sein sollte, damit er in unser Leben passt und wir ihn artgerecht auslasten können. Somit haben wir schon ein paar Rassen ausgeschlossen und einige in die engere Wahl genommen. Doch immer noch gibt es erhebliche Unterschiede zwischen den einzelnen Rassen. Der auffälligste Unterschied, der sofort ins Auge sticht, ist die Größe. Nicht automatisch ist ein großer Hund sportlicher oder aktiver.

Nehmen wir als Beispiel eine der größten und eine der kleinsten Rassen: den Kangal und den Pinscher. Jeder, dem beide Rassen vertraut sind, wird feststellen, dass der Pinscher uns körperlich definitiv mehr fordert als der Kangal. Der Kangal ist am glücklichsten auf einem Hof am Land, wo er gemütlich sein Reich genießt, auf seine Familie aufpasst und sich fern von jeglichem Hundesport hält. Der Pinscher hingegen möchte, dass wir uns gemeinsam mit ihm beschäftigen, ihm Dinge beibringen und ihn austoben lassen. Anders verhält es sich zum Beispiel bei einem Yorkshire Terrier und einem Malinois. Hier ist wiederum der größere Hund der aktive und der kleine Hund der gemütlichere.

In unserer Auswahl zwischen Groß und Klein stehen daher alle möglichen Rassen. Wir sollten uns daher fragen, welche Größe für uns optimal wäre. Hier werden wir vermutlich oft Kritik hören, wenn wir eine kleine Wohnung haben, uns aber einen großen Hund anschaffen wollen. Die Quadratmeter unserer Räumlichkeiten sollten aber nicht oberste Priorität haben. Im Idealfall sollte unsere Wohnung oder Haus als Ruheort für uns und unseren Hund dienen und ein Ort sein, an dem er entspannen, schlafen und sich zurückziehen kann. Wir können ihn während unserer Spaziergänge, in Hundeparks oder in unserem Garten auslasten und ihn spielen, toben und laufen lassen. Somit können wir genauso eine Dogge wie einen Chihuahua in einer etwas kleineren Wohnung halten, sofern wir außerhalb genügend bieten können.

Viel wichtiger sind unser physischer Zustand und unsere Vorstellung von unserem Alltag. Ein größerer Hund bedeutet viel mehr Kraft an der Leine. Egal, wie gut unser Begleiter erzogen ist und wie vorbildlich er an der Leine zu führen ist, es können immer Situationen vorkommen, in denen es gilt, unseren Hund zurück halten zu können. Stellen wir uns vor: Wir gehen mit unserer Dogge gemütlich an der Leine spazieren, als eine Katze aus dem Garten neben uns rennt und vor unser beider Augen die Straßenseite wechselt. Instinktiv wird unser Hund hinterherlaufen. Selbst wenn er Katzen kennt, vielleicht sogar mit ihnen zusammenlebt – ein laufendes Tier lädt automatisch zum Hinterherlaufen ein. Wir sollten hier also in jedem Fall in der Lage sein, der Kraft unseres Hundes entgegenwirken zu können, um nicht selbst vor eventuell vorbeifahrenden Autos auf die Straße gezogen zu werden.

Nehmen wir also an, wir sind jung und sportlich oder auch mittleren Alters, ein kräftiger Mann oder eine sehr standhafte Frau. Dann stellt dies im Normalfall kein großes Problem dar, zumal diese Situationen bestimmt nicht zur täglichen Routine gehören. Sind wir allerdings schon etwas älter, vielleicht gesundheitlich eingeschränkt oder sehr klein und zart, sollten wir uns eher einen etwas weniger kräftigen Hund zulegen.

Zu beachten ist hier auch der Unterschied zwischen einem Hund vom Züchter und einem Tierschutzhund. Nehmen wir uns einen Hund aus zweiter Hand, kann es durchaus sein, dass dieser nicht vorbildlich an der Leine geht, da es ihm nie beigebracht wurde. Eventuell ist er vielleicht unverträglich und reagiert schlecht auf andere, an uns vorbeigehende Hunde oder hat sogar negative Erfahrungen mit Menschen und reagiert stark auf Jogger, Radfahrer oder gar Kinder. In diesen Fällen gehört das starke Ziehen und Zerren an der Leine sehr wohl zur täglichen Routine. Wir sollten hier daher unbedingt noch mehr darauf achten, ob wir dem Gewicht und der Kraft des Hundes gewachsen sind.

Eine Rolle sollte dabei auch unser Alltag spielen. Kleine Rassen sind bekanntlich einfacher und handlicher. Fliegen wir beispielsweise in den Urlaub und möchten unseren Hund mitnehmen, darf ein kleiner Gefährte (meist bis 7 Kilogramm) zu uns in die Kabine. Dies ist für den Hund deutlich stressfreier als in einer Box im Frachtraum, wo er getrennt von uns von fremden Menschen eingeladen und herum geschoben wird, bevor er dann schlussendlich allein gelassen wird. Möchten wir alleine in den Urlaub fliegen und brauchen somit einen Hundesitter, lässt sich für einen kleinen Hund vermutlich schneller jemand finden, da er weniger „auffällt". Wir können ihn problemlos in Omas Garten lassen, wo er tagelang die Aufmerksamkeit und Leckereien genießen wird. Unsere Dogge werden wir dort vermutlich nicht unterbringen, da sie viel zu groß und kräftig für unsere Oma ist, die vielleicht selbst schon schwer auf den Beinen steht. Ebenso sind Tierarztbesuche zu berücksichtigen. Es könnte sein, dass sich unser Hund einmal verletzt und vielleicht nicht mehr selbst bis zu unserem Tierarzt gehen kann. Er wird auch älter und das Springen in unser Auto wird immer anstrengender, bis es irgendwann gar nicht mehr ohne Hilfe geht. Wir sollten also auch hier in der Lage sein, unserem Hund mit unserer Kraft aushelfen zu können. Wir müssen ihn in jedem Moment zum Tierarzt bringen können, vor allem wenn es sich um einen Notfall handelt. Wir können dann nicht auf Freunde oder Familie warten, die uns beim Einladen in unser Auto helfen. Das könnte für den Hund unter Umständen schon zu lange dauern.

Wir sehen also, abgesehen von unseren Räumlichkeiten gibt es viele Punkte, die wir bei der Wahl der Größe beachten sollten.

BEISPIELRASSEN GROSS UND AKTIV

Deutsche Dogge

Die Deutsche Dogge ist für ihren feinfühligen und sanftmütigen Charakter bekannt. Sie hat eine sehr hohe Reizschwelle für Aggressivität und eignet sich aufgrund ihrer menschenbezogenen Art gut als Familienhund. Ihre Erziehung sollte konsequent und kompetent sein, in erfahrenen Händen lässt sie sich gut führen. Aufgrund ihrer Größe ist die richtige Erziehung umso wichtiger, denn sie ist meist nur theoretisch angeleint. Sie braucht viel Bewegung und sollte gut ausgelastet und sozialisiert werden. Für eine deutsche Dogge sollte man viel Zeit einplanen, da sie nur ungern alleine zu Hause bleiben. Am liebsten kommen sie überall hin mit und begleiten ihre Menschen im Alltag. Auch hier wiederum sollte man daher viel Wert auf gute Erziehung und richtige Auslastung legen, da sich der Alltag sonst sehr mühsam gestaltet.

GROSS UND GEMÜTLICH

Bordeaux Dogge

Die Bordeaux Dogge ist eine der ruhigsten und gelassensten Rassen. Sie liebt ihre Spaziergänge in der Natur, braucht aber nicht ständig Unterhaltung und Beschäftigung. Sie ist intelligent und beobachtet ihr Umfeld stets genau. Sie strahlt auch auf uns Menschen eine gewisse Ruhe aus und eignet sich daher perfekt als Ausgleich zu einem stressigeren Alltag. Sie zeigt sich sanftmütig und kaum aggressiv und eignet sich daher auch gut als Familienhund. Sie ist uns Menschen und unseren Kindern sehr zugewandt, verschmust und verspielt. Die Erziehung sollte liebevoll und konsequent sein.

KLEIN UND AKTIV

Pinscher

Der deutsche Pinscher ist ein sehr temperamentvoller und aktiver Hund, gleichzeitig aber sehr verschmust und anhänglich. Seinen Bewegungsdrang sollte man nicht unterschätzen und ihn dementsprechend auslasten können. Er ist sehr klug und auch im Hundesport immer mehr verbreitet. Die richtige Erziehung und vor allem auch die geistige Auslastung sind ebenso wichtig, um einen guten Begleiter aus ihm zu machen. Der deutsche Pinscher als ehemaliger Hofhund hat seinen eigenen Kopf, bewacht sein Revier und zeigt sich loyal seiner Familie gegenüber.

KLEIN UND GEMÜTLICH

Shih Tzu

Der Shih Tzu hat einen sehr aufgeschlossenen und freundlichen Charakter. Er hat zwar recht viel Energie und zeigt sich temperamentvoll, fordert aber nicht jeden Tag die große Auslastung. Natürlich benötigt auch er seine geistige Beschäftigung, allerdings sind Shih Tzus recht eigenständig und bevorzugen daher lange, gemütliche Spaziergänge, bei denen sie ihren Freiraum bekommen, um alles für sich entdecken zu können. Sie eignen sich sogar aufgrund ihrer stets guten Laune und der offenen Art Menschen gegenüber hervorragend als Therapiehunde. Ein Shih Tzu ist glücklich, wenn er Teil einer Familie sein darf, im besten Fall im Mittelpunkt steht und neben seinen Spaziergängen viel Zeit für Streicheleinheiten bleibt. Für einen etwas gemütlicheren Alltag mit einem aufgeschlossenen Begleiter ist er daher wie geschaffen für uns.

STADT VS. LAND

Wir wissen nun, ob wir einen aktiven oder einen eher gemütlicheren Begleiter haben möchten und welche Größe für uns optimal ist. Bei der Wahl der Größe haben wir unserer Wohnungsgröße erst einmal wenig Beachtung geschenkt. Nicht zu vergessen ist allerdings unsere Umgebung. Es macht für uns und unseren Hund einen erheblichen Unterschied, ob wir in einer Großstadt oder auf dem Land wohnen. Wir sollten dies nicht nur bei der Auswahl der richtigen Rasse, sondern auch der Anschaffung eines Hundes aus dem Tierheim berücksichtigen.

Es gibt Rassen, deren Charakter nicht dazu geeignet ist, dass sie in einem gut belebten Stadtteil leben. Vor allem Herdenschutzhunde und Hirtenhunde brauchen ihr Revier und ausgiebigen Platz. Kommen wir daher noch einmal auf den zuvor beschriebenen Kangal zurück. Wir müssen mit unserem Kangal weder Agilitykurse absolvieren noch große Rennstrecken zurücklegen. Gehen wir also davon aus, wir haben uns gegen einen sehr aktiven Hund entschieden, möchten aber dennoch eine große Rasse. Somit könnte es durchaus sein, dass der Kangal auf unserer Liste der engeren Auswahl steht. Jedoch kommt hier unsere Wohnsituation ins Spiel. Ein Kangal benötigt ein Territorium, für welches er Tag und Nacht zuständig sein darf, welches er vor Feinden schützen könnte und wo er seine Streifzüge und auch Ruhepausen genießen kann. Hier reden wir weder von einer Wohnung noch von einem netten Häuschen mit kleinem Obstgarten vor der Türe. Ideal wäre ein Hof mit mehreren tausend Quadratmetern Grund. Leben wir daher mitten in der Innenstadt oder am Stadtrand mit einem kleinen, überschaubaren Garten, sollten wir diese Rasse dem Hund zuliebe von unserer Liste streichen.

Abgesehen von den Bedürfnissen dieser Rassen sollten wir bei der Anschaffung eines Hundes aus dem Tierheim – völlig egal, um welche Rasse oder welchen Mischling es sich handelt – ebenso Rücksicht darauf nehmen und uns unbedingt mit den zuständigen Pflegern beraten. Viele der Hunde haben eine schlechte Vergangenheit, sind unsicher und ängstlich oder haben schlichtweg nie etwas außerhalb der eigenen vier Wände kennengelernt. Sie sind daher schreckhaft oder skeptisch und mit neuen Situationen und Umweltreizen schneller überfordert. Anders als wir Menschen wissen diese Hund nicht, was eine Adoption bedeutet. Sie werden uns nicht vom ersten Moment an als neue Familie, sondern als Fremde, denen sie noch nicht vertrauen, sehen. Sie freuen sich nicht auf ihr neues Zuhause, sondern sind im Ungewissen, wo wir Fremde sie wohl hinbringen. Sie werden sich auch nicht auf ihre Spaziergänge freuen und aufgeregt alles entdecken wollen, sondern fragen sich, wohin denn die Reise nun wieder geht, und versuchen gestresst, so schnell wie möglich die Umgebung auf Gefahren zu prüfen. Man kann sich als Mensch kaum vorstellen, wie viele Eindrücke ein Hund bekommt. Wir hören und riechen viel weniger und schlechter als ein Hund und vor allem wissen wir, wohin die Reise gerade geht. Für einen schreckhaften, unsicheren Hund kann es daher mitten in der Stadt zur Reizüberflutung und Überforderung kommen. Sie treffen auf viele Menschen, viele Hunde, gehen auf hartem, im Sommer heißen Beton, hören die U-Bahn unter ihnen, die Straßenbahn neben ihnen und vielleicht die eine oder andere Stimme aus den Wohnhäusern und Stiegenhäusern, an denen sie vorbei gehen. Sie riechen tausende Gerüche von jedem Abfalleimer, von jeder Handtasche, die ihre Nase streift, von jedem markierten Autoreifen. Sie hören Menschen von hoch oben aus den Fenstern, sie hören Hunde bellen, sehen sie aber nicht, weil sie fünf Ecken weiter sind. Und nicht zu vergessen sind die schnell vorbei rasenden Autos. Für uns Menschen, die wir dort leben, ist dies völlig normal. Vollkommene Stille ist uns kaum noch bekannt. Geräusche, an die wir uns bereits täglich gewöhnt haben, nehmen wir schon gar nicht mehr bewusst wahr. Ein Auto fährt an uns vorbei – und? Der Fahrer wird vermutlich gerade in die Arbeit fahren oder sein Kind zur Schule bringen, das juckt uns nicht. Doch achten wir einmal bewusst darauf! Wenn wir uns auf jedes einzelne Auto, welches an uns vorbei fährt, bewusst konzentrieren, wird es uns plötzlich ebenso laut und störend vorkommen wie dem gestressten Hund an unserer Leine, dem jegliches Verständnis dafür fehlt, worum es sich bei dieser großen Blechtonne überhaupt handelt. Wir sollten in dem Fall daher auf einen sichereren Hund zurückgreifen und uns mit den Pflegern absprechen, um den Hund die Eingewöhnung in seinem neuen Zuhause nicht auch noch zu erschweren. Auch der unsichere Hund findet sein Zuhause, aber dann besser in einer Familie auf dem Land oder am Stadtrand.

ANFÄNGER VS. ERFAHRUNG

Nun wird unsere Liste bereits immer kürzer und wir kommen unserem Traumhund immer näher. Eine wichtige Rolle in der Auswahl sollte nun auch noch unsere Erfahrung spielen. Hier reden wir keineswegs davon, wie viele Hunde wir bereits in unserem Leben gestreichelt haben, wie viele Hunde wir bei unseren Großeltern oder Tanten miterlebt haben oder ob wir bereits das eine oder andere Mal dem Hund unserer Nachbarin den Ball zugeworfen haben. Denn all diese Hunde hatten nicht uns als Besitzer und wurden nicht von uns erzogen. Wichtig ist, ob wir selbst schon einmal einen Hund erzogen haben. Mussten wir einem Hund bereits grundlegende Dinge oder Kommandos beibringen? Mussten wir einem Hund schon einmal unerwünschtes Verhalten, wie zum Beispiel an einem hochzuspringen, abgewöhnen? Kennen wir uns mit der Körpersprache des Hundes aus? Wissen wir, was uns der Hund mit bestimmten Artikulierungen sagen möchte, und können ihn beim Spielen mit Artgenossen lesen und einschätzen? Oder ist das für uns Neuland?

Diese Erkenntnis ist in unserer Entscheidung, welche Rasse wir uns zulegen, sehr wichtig. Es gibt viele Rassen, die sehr leicht zu führen sind. Sie machen es einem Anfänger durch ihre menschenbezogene und aufmerksame Art möglich, mit ihnen gemeinsam zu lernen und Schritt für Schritt in die neue Rolle des Hundebesitzers zu wachsen. Meist haben sie ein sehr friedliches Gemüt und wenig Aggressionspotential, zeigen ein gutes Sozialverhalten und möchten ihren Besitzern stets gefallen.

Es gibt hingegen aber Rassen, mit denen wir nicht lernen können, sondern bei denen wir können müssen. Sie zeigen sich oft sehr selbstsicher und eigenständig und erwarten eine selbstsichere und konsequente Führung ihrer Besitzer. Hier sollten wir bereits wissen, wie es läuft, um Anfängerfehler und Unsicherheiten, die womöglich im Verhalten des Hundes zukünftig ausarten können, zu vermeiden.

Jedes Verhaltensproblem erwachsener Hunde ist nicht auf einen einzigen Tag oder eine einzige Situation zurückzuführen. Es ist meist ein längerer Zeitraum, in dem viele Kleinigkeiten, die uns Menschen oft erst nachträglich bewusst werden, schief gelaufen sind.

Bei manchen sehr selbstsicheren und eigenständigen Rassen sollten wir ein solches Risiko daher nicht noch größer machen, indem wir uns als Anfänger der Herausforderung stellen. Nehmen wir beispielsweise den Akita Inu. Der Akita Inu ist eine sehr ernsthafte und würdevolle Rasse. Er zeigt sich sehr selbstbewusst und selbstständig. Er hinterfragt jeden Befehl seines Besitzers und die für ihn als sinnlos abgewerteten Befehle werden nicht ausgeführt. Härte, Gewalt, Ungerechtigkeit und Ungeduld verzeiht er kaum. Sind wir also Anfänger, die das richtige Erziehen und die perfekte Balance zwischen Liebevoll und Konsequent erst finden müssen, laufen wir schnell Gefahr, von unserem Hund nicht ernst genommen zu werden, und haben womöglich einen unbändigen Hund an der Leine, dem es völlig egal ist, was wir von ihm wollen. Das ist kurz gesagt der Albtraum eines jeden Hundebesitzers. Wir sollten daher uns zuliebe der Schönheit des Akitas widerstehen und auf einfachere Rassen, die leichter zu führen sind, zurückgreifen. Wir werden feststellen: Auch hier ist die Auswahl nach wie vor sehr groß.

Eine weitere Frage, die an diesem Punkt immer wieder aufkommt und besprochen werden sollte, ist das Alter des Hundes. Ist es als Anfänger besser, sich einen Welpen zu nehmen oder einen erwachsenen Hund? Natürlich lässt sich dies nicht pauschal beantworten, denn wie auch die Hunde sind wir Menschen unterschiedlich. Der eine kommt mit jungem Ungestüm besser klar und hat mehr Geduld, dem anderen ist die sture Art des alten Dackels lieber. Beides hat seine Vor- und Nachteile.

Beginnen wir mit dem Welpen.

Nichts lässt unser Herz mehr schmelzen als ein Welpe, der gerade einmal ein paar Wochen alt ist, noch alles um sich herum spannend und aufregend findet und die Welt entdecken möchte. Fest steht, dieser Welpe ist ein unbeschriebenes Blatt. Wir haben es also selbst in der Hand, wie er sich entwickelt – abgesehen von den natürlichen Genen seiner Eltern. Wir haben die Chance, ihm ein Leben ohne schlechte Erfahrungen zu bieten. Dinge, die uns wichtig sind, können wir ihm frühzeitig und spielerisch beibringen. Vorsicht vor dem Gedanken: Der Hund sei noch zu jung, um etwas zu lernen, wir warten bis er älter ist. In der Pubertät ist es deutlich schwerer, dem Hund etwas Neues beizubringenund danach hat sich ein Großteil seines Charakters bereits gefestigt. Narrenfreiheit im Welpenalter tut also weder Hund noch Besitzer gut.

Doch was wir hier auch beachten sollten: Auch unsere Fehler prägen den Hund. Es ist unvermeidlich und völlig natürlich, als Ersthundebesitzer Fehler zu machen. Wichtig ist dabei nur, dass wir diese Fehler zugeben können. Wir sollten mit dem Welpen nicht lange experimentieren oder unerwünschtes Verhalten akzeptieren und uns vornehmen, ihm dieses etwas später abzugewöhnen. Es gibt genügend Möglichkeiten, Hilfe und Tipps zu bekommen, z. B. zur Stubenreinheit des Welpen. Wenn wir noch nie einen Welpen hatten, woher sollen wir dann wissen, wie es funktioniert, ihm das beizubringen? Viele Anfänger, die sich einen Welpen zulegen, gehen stundenlang mit dem kleinen Liebling in den Park, wo er nicht eine Sekunde daran verschwendet, sein Geschäft zu verrichten. Sie kommen nach Hause und das Erste, was der Welpe erledigt, ist, den Teppich einzusauen. Logisch ist das für uns Menschen nicht. Der Fehler, den wir also dabei machen, ist, zu glauben, es liegt an der Zeit oder der Länge unseres Spaziergangs. Am nächsten Tag wird der Spaziergang daher noch länger oder auf eine andere Uhrzeit verschoben. Jeden Tag wird ein anderes Szenarioausprobiert, es wird aufgeschrieben, wann der Welpe pinkelt, um genau dann in den Hof zu laufen, der Weg wird verändert und es entstehen sinnlose

Experimente, mit denen wir versuchen, dem Welpen mit Hilfe einfacher Worte wie „Machst du jetzt Pipi" zum Pinkeln zu animieren. So verstreicht viel Zeit, die wir uns sparen könnten, wenn wir uns Hilfe oder Tipps von Hundebesitzern oder Hundetrainern holen. Wir werden sehen, sobald wir versuchen, den Hund zu verstehen, erscheint vieles doch sehr logisch: Ein Hund verrichtet sein Geschäft nur dann und nur dort, wo er sich wohl und sicher fühlt. In der Natur gilt die Zeit, während er pinkelt, als große Gefahr, denn er bietet seinen Feinden Angriffsfläche. Er ist beschäftigt, nicht konzentriert und kann nicht rechtzeitig davon laufen. Ein Welpe muss seine Umgebung erst einmal kennenlernen, bevor er sich zu 100 Prozent sicher fühlt. Hier ist es also wichtig, dass wir den Welpen nicht lange Gassi führen, sondern öfter am Tag und nur kurz. Somit kann er ausreichend viele Eindrücke sammeln, die er in der Wohnung bei einem kleinen Schläfchen zwischendurch verarbeiten kann. Ebenso wichtig ist, dass wir ihm nicht bei jedem Spaziergang etwas Neues zeigen. Unsere Route sollte in den ersten Wochen immer die gleiche sein, umso schneller erhält er hier die nötige Sicherheit. Er weiß bereits, was ihn um die Ecke erwartet, er kennt die Häuser und weiß, wo ihn eventuell ein Hund beim Vorbeigehen anbellt, und er weiß genau, was sich hinter den Bäumen versteckt. Er bekommt also innerhalb kürzester Zeit Sicherheit auf dieser Route und wird sich schnell trauen, auch dort einmal sein Geschäft zu verrichten. Merkt er dann auch noch die Freude von uns, wenn er es endlich getan hat, und bekommt vielleicht sogar einen guten Keks als Belohnung, wird er es bestimmt noch einmal dort ausprobieren. Ruck zuck haben wir uns mit Hilfe und Tipps viel Zeit und Nerven erspart. Gerade bei der Stubenreinheit ist uns dies vermutlich ein Segen!

Um nicht Gefahr zu laufen, uns von nicht geeigneten Personen falsche Tipps oder sogar Tipps zu holen, die dem Hund durch Angst oder Schmerz schaden, sollten wir uns bereits vor dem Einzug des Welpen nach einer passenden Hundeschule mit einem geeigneten Welpenkurs umsehen. Wir können uns die einzelnen Kurse einmal ohne Hund ansehen, die Trainer kennenlernen und uns mit teilnehmenden Hundebesitzern austauschen. So wissen wir schon rechtzeitig, wo wir uns adäquate Tipps holen können und wo wir uns gut aufgehoben fühlen. Wir ersparen somit dem Welpen, eventuell mehrere Schulen zu besuchen, bis wir endlich eine passende gefunden haben, und vermitteln ihm auch so mehr Sicherheit und Beständigkeit.

Somit steht fest, dass nichts dagegen spricht, uns als Anfänger einen Welpen zu nehmen, sofern wir genügend Hilfe unseres Umfelds bekommen und annehmen. Klar sollte uns jedoch immer sein, wie viel Zeit, Geduld und Nerven uns so ein kleiner, junger Hund kosten kann. Der Hund fängt, genauso wie wir, bei Null an.

Zusammengefasst haben wir also den Vorteil, ausschlaggebend für das Verhalten und die Erfahrungen unseres Hundes zu sein, und können gemeinsam mit ihm lernen. Unsere Fehler können aber prägender sein. Eine falsche Erziehung kann den Alltag mühsam gestalten.

Widmen wir uns nun dem erwachsenen Hund. Fest steht, dass wir für diesen Hund mindestens die zweiten Besitzer sind. Wir können also davon ausgehen, dass der Hund schon sehr viel gelernt hat – sei es gut oder schlecht. Sein Charakter und sein Verhalten werden sich ebenso bereits geformt haben. Er wird auf der einen Seite vermutlich bereits stubenrein sein, ist es vielleicht schon gewöhnt, ein paar Stunden alleine zu bleiben, kann an der Leine gehen und kennt bereits die Grundkommandos. Auf der anderen Seite hat er vielleicht das eine oder andere Verhalten erlernt, welches uns nicht recht ist und das es ihm abzugewöhnen gilt.

Sind wir nun als Anfänger in den Tierheimen auf der Suche, sollten wir von Hunden mit einer sehr schlechten und deutlich prägenden Erfahrung, die drastische Verhaltensprobleme wie Futterneid, Unverträglichkeit oder Aggression mit sich bringt, erst einmal Abstand nehmen. Die Erziehung wird für uns schon eine neue Herausforderung, in die wir erst einmal hineinwachsen müssen. Wir müssen uns daher die Situation nicht noch erschweren, indem wir uns einen Hund zulegen, dem wir ein schlechtes oder gar aggressives Verhalten abgewöhnen müssen. Dies ist für erfahrene Hände schon schwer genug.

Sehen wir uns also nach einem netten, ausgewachsenen Hund um, dessen Leben nicht aus Dramen und Misshandlungen bestand. Ein Vorteil dabei ist, dass diese Hunde meist gut sozialisiert und den Alltag von uns Menschen gewöhnt sind. Entgegen jeden Irrglauben ist es auch absolut möglich, einem erwachsenen oder alten Hund noch vieles beizubringen. Wie wir Menschen lernen unsere Vierbeiner nie aus. Zusammengefasst ersparen wir uns also mit einem erwachsenen Hund die mühsame Arbeit, die wir mit einem Welpen hätten, und können ihm trotzdem noch beibringen, sich unserem Alltag anzupassen. Wir können genauso mit einem alten Hund noch die Hundeschule besuchen, um selbst Erfahrungen zu sammeln.

Jedoch kann es uns passieren, dass wir dem Hund so manches Verhalten abgewöhnen müssen, was meist langwieriger ist, als ihm etwas Neues beizubringen. Gehen wir davon aus, wir nehmen uns einen lieben, alten Dackel, dessen Herrchen leider verstorben ist und der nun alleine im Tierheim trauern musste. Völlig klar – kein Weg führt daran vorbei, ihm als neues Familienmitglied wieder Freude zu schenken. Doch zu Hause erwarten uns dann so einige Überraschungen. Der Dackel durfte nämlich beim alten Herrchen auf die Couch, wann immer er wollte. Klar zeigt er sich stur, wenn wir ihm sagen, dass dies bei uns nicht erwünscht ist. Wie können wir nach so vielen Jahren des Couchliegens nun erwarten, dass er sich mit einem kleinen Körbchen zufrieden gibt? Der Dackel durfte außerdem immer neben dem Tischsitzen und auf seine Essensreste warten. Dem süßen Blick konnte sein Herrchen nie widerstehen und schon flogen die Hühnerkeulen in Richtung Hundemaul. Ganz klar, dass der Dackel nun auch bei uns am Tisch sitzt und auf seine Keule wartet. Das kann ziemlich nervig sein, denn wir geben uns größte

Mühe, dem hungernden Blick zu widerstehen. Doch jahrelang hat es funktioniert, daher ist nicht zu erwarten, dass es mit dreimal „Nein" sagen getan ist.

Wir sehen also: Auch bei einem erwachsenen Hund brauchen wir oft Zeit und Geduld und ersparen uns nichts an Erziehung.

Wir sollten uns daher ganz individuell fragen, mit welcher Art von Erziehung wir besser zurecht kommen würden und wofür wir mehr Geduld und Verständnis aufbringen können. Hier sollten wir uns im Gegensatz zu der Erziehung nichts sagen oder einreden lassen. Versuchen wir, uns in beide Szenarien hineinzuversetzen, und entscheiden uns danach, wo wir ein besseres Gefühl haben. Wollen wir einen frechen, zwickenden, aber unglaublich süßen und unschuldigen Welpen oder einen sturen, bettelnden, aber unglaublich liebevollen erwachsenen Hund aus dem Tierheim, von dem wir einiges lernen können?

OPTIK

Wir haben unsere Liste nun soweit eingeschränkt, dass wir sagen können, ob unser Hund aktiv oder gemütlich sein soll, ob wir uns einen großen, mittleren oder kleinen Hund wünschen, haben uns unsere Wohnsituation genau angesehen und uns erkundigt, welche Rassen für Anfänger sind. Nun können wir uns natürlich auch der Optik widmen. Hierfür brauchen wir uns nicht informieren oder beraten lassen, jeder Einzelne von uns hat seine individuellen Vorlieben. Den einen sprechen langhaarige Rassen an, der andere bevorzugt kurzes Fell. Einige mögen schlanke, windige und zarte Hunde, andere wiederum wollen kräftige, breite und stämmige Rassen. Unsere Liste ist bestimmt trotz unserer Auswahlkriterien immer noch lang genug, um unseren Vorstellungen zur Optik freien Lauf zu lassen.

Heutzutage ist es mit Internet und Co. ein Leichtes, uns ein Bild von unserem Traumhund anzusehen. Wir können alle Rassen als Welpen genauso wie als ausgewachsene Hunde betrachten, uns Videos ansehen unddie Hunde in allen möglichen Farbvariationen begutachten.

EIGENSCHAFTEN

Wir können uns ebenso über manche rassespezifischen Eigenschaften erkundigen. Manche Rassen haaren beispielsweise nur beim Fellwechsel zweimal im Jahr, andere haaren das ganze Jahr gleichermaßen. Es gibt Rassen, die aufgrundihrer großen, hängenden Lefzen mehr sabbern als Rassen mit anliegenden Lefzen. Außerdem gibt es Hunde, die für Allergiker geeignet sind, wie zum Beispiel der Pudel, da er nicht haart und Stoffe, auf die wir Menschen reagieren, nicht in sich trägt. Hier können wir unsere Fantasie spielen lassen und uns überlegen, was uns bei einem Hund noch alles wichtig ist.

Im besten Fall wissen wir nun, welchen Hund wir uns wünschen, welche Eigenschaften er mitbringen soll, welche grundlegenden Charaktereigenschaften wir bevorzugen und wie er ungefähr aussehen soll. Widmen wir uns daher dem nächsten großen Schritt: Wo bekommen wir unseren Hund her?

Kapitel 2

DIE ANSCHAFFUNG

Wenn wir uns nun eine Vorstellung davon gemacht haben, welchen Hund wir haben möchten, gibt es mehrere Wege, die wir gehen können. Wir haben die Möglichkeit, uns einen Welpen, wenn wir uns dafür entschieden haben, beim Züchter zu holen oder aber auch uns nach einem passenden Hund in einem Tierheim oder Tierschutzverein umzusehen.

Ebenso gibt es Wege, die wir unter keinen Umständen in Betracht ziehen sollten. Es werden immer wieder Hunde jeglichen Alters online angeboten. Meist erfahren wir hier lediglich Eckdaten wie das Geschlecht und das ungefähre Alter und sehen ein oder zwei Fotos. Es wird nicht viel darüber preis gegeben, woher der Hund kommt, welche Charaktereigenschaften er mitbringt, wie groß er wird, wenn er noch ein Welpe ist, oder wieso dieser Hund ein neues Zuhause sucht. Meist finden sich solche unseriösen Anzeigen auf bekannten Internetplattformen. Lediglich der Preis scheint in der Anzeige Wichtigkeit zu haben. Meist handelt es sich hierbei um illegalen Welpenhandel oder um Hunde mit Problemen, die aber verschwiegen werden, um die Vermittlungschance zu erhöhen und jemand Fremden mit den Problemen sitzen zu lassen. Geht man auf solche Anzeigen ein, erfährt man weder den momentanen Aufenthaltsort des Hundes noch den Namen des Besitzers. Ebenso wenig kann man den Hund zu Hause besuchen. Meist wird eine sofortige Zahlung und Abholung von einem ausgemachten Treffpunkt verlangt. So leid uns diese Hunde auch tun und so arm wir sie auch finden, wir sollten unbedingt die Finger davon lassen. Bei diesen Hunden handelt es sich keineswegs um klassische Notfälle, die aufgrund eines Schicksals nun plötzlich eine Familie suchen. Es handelt sich, vor allem bei den Welpen, um extra „gezüchtete" oder aus dem Ausland angeschaffte Hunde, um damit das große Geld zu machen. Mitleid ist hier daher fehl am Platz, da es das Geschäft der Händler nur bestätigt. Sie setzen mit voller Absicht auf das Mitleid von uns tierliebenden Menschen und erhalten somit den Handel. Wo es Nachfrage gibt, wird immer ein Angebot kommen!

Ebenso wenig in Betracht ziehen sollten wir Hunde, die uns auf der Straße angeboten werden, die berühmten „Kofferraumhunde". Sobald wir einen solchen Hund kaufen, unterstützen wir die Verkäufer in ihrer Arbeit und das Leid von Hunden zu diesen Zwecken wird nie ein Ende haben.

Vorsichtig und genau hinsehen sollten wir auch bei Auslandsorganisationen. Es gibt durchaus einige Organisationen, denen es um das Wohl der Tiere geht und die es genau so verdient haben, unterstützt zu werden, wie die Vierbeiner selbst. Hier ist umfassende Recherche notwendig, um sie von jenen Organisationen zu filtern, die auf das Geld aus sind. Wir können uns die Homepages der Organisationen ansehen, sie auf Social Media-Kanälen ausforschen, Hundebesitzer kontaktieren, die bereits einen Hund von dieser Organisation aufgenommen haben, und vor allem sollten wir direkten Kontakt mit den zuständigen Mitarbeitern aufnehmen. Wir sollten sie telefonisch kontaktieren, nach Fotos und Videos und dem Charakter der Hunde fragen und uns vorallem detailliert erklären lassen, wie der Transport organisiert wird. Je mehr die Organisation offen legt, umso seriöser ist sie in der Regel. Denn jemand, der etwas verheimlicht, hat seine Gründe, wieso er das tut. Im Bereich des Tierschutzes geschieht dies meistens zu Lasten der Tiere.

Genauer eingehen werden wir auf die Anschaffungsmöglichkeiten, bei denen wir die Hunde persönlich kennenlernen können.

Widmen wir uns erst einmal den Züchtern. Wieso wollen wir uns einen Welpen vom Züchter anschaffen? Wir haben uns also all unsere Kriterien angesehen, haben uns unsere Vorlieben und Vorstellungen gut überlegt und haben unsere Traumrasse gefunden. Bei einem Züchter können wir uns darauf verlassen, dass wir genau das bekommen, wonach wir gesucht haben. Wir können uns darauf verlassen, dass wir bei einem seriösen Züchter einen Welpen erhalten, der bestmöglich aufwuchs und genau die Eigenschaften und Charakterzüge mit sich bringt, die die Rasse verspricht. Wie können wir nun einen Züchter unserer ausgewählten Rasse finden und wie können wir verhindern, dass wir auf unseriöse Züchter hereinfallen? Landesweit gibt es etliche Züchter von irrsinnig vielen verschiedenen Rassen. Üblicherweise haben wir mehrere Züchter für eine Rasse zur Auswahl. Auch hier sollten wir uns im Vorfeld genauestens erkundigen. Wir haben zwei Schritte der Recherche, auf die wir nicht verzichten sollten: die indirekte und die direkte Recherche.

Die indirekte Recherche beinhaltet die Informationen, die wir uns selbst verschaffen können. Wir können im Vorfeld bereits seriöse und vernünftige Züchter von Scharlatanen filtern. Der erste Schritt ist, uns die Homepage des Züchters anzusehen. Hier sollten wir bereits einige Informationen erhalten können. Ein seriöser Züchter sollte deutlich ausgeschrieben haben, dass er ein behördlich gemeldeter Züchter ist. Somit schließen wir schon einmal aus, dass es sich um ein Hoppla aus dem Hinterhof handelt, welches mal schnell als Zucht beschrieben wurde.

Meist sind vernünftige Züchter Mitglieder eines Vereins. Dies ist allerdings nicht zwanghaft notwendig. Es gäbe uns aber ein gutes Bild dafür, wie die Zucht gehandhabt wird und über welche Kenntnisse der Züchter verfügt. Vereine sind meist streng beider Aufnahme von Mitgliedern, um nicht durch Personen, deren Wertvorstellungen sich drastisch unterscheiden, in Verruf zu geraten. Bei Vereinen von Rasseliebhabern kann man davon ausgehen, dass sich die Mitglieder mehrere Jahre intensiv mit einer bestimmten Rasse beschäftigt haben und somit über sehr viel Wissen über sie verfügen.

Ebenso aussagekräftig sind die Informationen, die wir über bereits vorhandene Würfe sehen und was über die Elterntiere bekannt gegeben wird. Züchter, die seriös und tierschutzkonform arbeiten, sind stolz auf ihre Vierbeiner und deren Sprösslinge. Wir können also davon ausgehen, dass wir Fotos und Videos auf der Homepage finden, die uns einen Einblick in das Leben der Tiere verschaffen. Ein unseriöser Züchter wird kein Foto von seiner Hündinveröffentlichen, die auf zwei Quadratmeter wie ein Mastschwein ihre Welpen säugt und dabei im eigenen Dreck und auf dem kaltem Boden liegt. Wir suchen daher nach fröhlichen Bildern und Videos, in denen Welpen auf einem großen Gelände spielen, die Elterntiere stets dabei sind und man die Neugier der Jungtiere direkt spüren kann. Meist mit einem Portrait oder einer netten Beschreibung können wir uns eine Ahnentafel von bereits verstorbenen oder in Pension gegangenen, fleißigen Muttertieren ansehen.

Ein weiterer Punkt, den wir uns ansehen sollten, ist, wie die Vermittlung stattfindet. Wir sollten darauf achten, dass die Züchter eine einsichtige Beschreibung über den Ablauf haben, dass ausgeschrieben ist, dass die Welpen geimpft sowie gechipt werden und ab welchem Alter sie vermittelt werden. Ein seriöser Züchter wird seine Welpen nie frühzeitig von der Mutter trennen, da ihm bewusst ist, wie wichtig sie für das Jungtier ist. Erst ab einem Alter von mindestens 2 Monaten, im besten Fall mit 10 Wochen, sind sie ausreisebereit.

Wenn wir uns diese Informationen angesehen haben, stehen sicher mehrere Züchter zur Auswahl, je nachdem, wie selten unsere ausgewählte Rasse ist. Somit kommen wir zur direkten Recherche.

Die direkte Recherche beinhaltet den persönlichen Kontakt mit dem Züchter. Es sollte uns erlaubt sein, uns einen persönlichen Eindruck zu verschaffen, noch bevor wir uns für einen Kauf entschieden haben. Wir können uns einen Termin ausmachen, um noch offene Fragen zu klären, uns das Zuhause der Tiere anzusehen und auch einen menschlichen Eindruck des Züchters zu bekommen. Wir haben so die Möglichkeit, zu erfahren, wie die Tiere leben undwie sie aufwachsen. Wir lernen im besten Fall die dort lebenden Zuchttiere kennen und haben somit auch einen Eindruck vom Zustand der Hunde. Ein unseriöser Züchter, selbst wenn er unsere bisherigen Schritte und Prüfungen bestanden hat, wird uns den Kontakt zu den Elterntieren vermutlich nicht gewähren.

Wir können am Verhalten der Tiere vieles über ihren Zustand lernen. Eine zukünftige Mutterhündin, die uns fröhlich begrüßt, werden wir dort wohl eher nicht antreffen. Wir können davon ausgehen, dass sie verschreckt und schüchtern wäre, dass sie vermutlich außer ihrer, nennen wir es Zelle, nicht viel kennt. Ganz abgesehen davon, dass es vermutlich auch an den Hygienezuständen scheitern wird. Wir sollten uns also auf Züchter konzentrieren, die uns mit Freude einen Einblick bieten und uns eventuell sogar beraten und Tipps geben,uns vieles über die Rasse lehren, uns Geschichten über ihre Zucht erzählen und unsere Aufregung über die Anschaffung eines Hundes teilen und mitfühlen können.

Wir sollten uns auch nach dem Preis erkundigen. Der Preis steht meistens nicht auf der Homepage der Züchter, da dies nicht ausschlaggebend sein sollte. Wenn wir uns einen Hund vom Züchter zulegen, sollte uns bereits im Vorhinein klar sein, dass wir einen höheren Betrag bezahlen als für einen Hund aus dem Tierschutz, da wir hier schlichtweg die besten Voraussetzungen haben. Wir können uns bei seriösen Züchtern darauf verlassen, dass wir einen gut sozialisierten, gesunden Welpen erhalten, der ein stressfreies Aufwachsen bei seiner Mutter und Geschwistern erleben durfte und bei dem wir die Elterntiere und Erlebnisse kennen. Dennoch sollten wir die Preise der Züchter untereinander vergleichen. Es ist unmöglich, dass für den einen Golden Retriever grundlos um, sagen wir, tausend Euro mehr verlangt wird als für den anderen. Hier sollten wir unbedingt die Gründe hinterfragen und wenn wir uns unsicher sind, die Finger davon lassen. Es ist daher auch hier bedeutend, dass wir uns nicht nur einen Züchter, sondern mehrere ansehen.

Haben wir uns für eine so seltene Rasse entschieden, dass wir in unserem eigenen Land keine Zucht finden, sollten wir zusätzlich darauf achten, dass die Welpen, abgesehen von den verpflichtenden Grundimpfungen, auch die Tollwutimpfung (ab der 12. Lebenswoche möglich) erhalten.

Gehen wir nun davon aus, wir haben uns für eine Rasse entschieden und einen Züchter gefunden, der unseren Anforderungen und Vorstellungen entspricht und dessen Preis wir uns leisten können. Nun heißt es abwarten, bis unser Liebling geboren wird. Die Zeit können wir nützen, um uns mit Büchern schlau zu machen, uns Hundeschulen anzusehen, die Wohnung hundesicher zu gestalten und mit Trainern oder Hundebesitzern in Kontakt zu treten, um Erfahrungen auszutauschen, uns Tipps einzuholen und eventuell zukünftige Hundefreunde bereits kennen zu lernen. Ist unser Welpe erst einmal auf der Welt, vergeht die Zeit rasend schnell, in der wir ihn sicher das eine oder andere Mal besuchen dürfen.

Der andere Weg ist, uns einen Hund aus einem Tierheim anzuschaffen.

Wieso entscheiden wir uns für einen Hund aus dem Tierheim? Der häufigste Grund dafür ist, dass uns die Tiere leid tun und wir das Bedürfnis verspüren, ihnen zu helfen undsie retten wollen. Wir wissen, dass jedes einzelne Tier dort ein bestimmtes Schicksal hat, und wollen dieses zum Guten wenden.

Wir wissen auch, dass ein niedlicher Welpe vom Züchter oft schon eine lange Liste an Interessenten hat und es jedem Welpen ein Leichtes ist, ein Zuhause zu finden. Anders die Tiere im Tierheim. Wir Menschen wollen diesen Tieren zwar helfen, haben aber dennoch bestimmte Anforderungen und so bleiben dort manchmal Hunde jahrelang sitzen, bis endlich ihre richtigen Menschen kommen. Manchmal passiert dies auch nie und es kommt vor, dass die Tiere selbst ihren letzten Tag auf Erden im Tierheim verbringen. Allein dieser Gedanke lässt es uns kalt über den Rücken laufen und wir wollen es zumindest für ein Tier ändern.

Aber auch hier gibt es einiges zu beachten.

Fest steht, dass wir hier vermutlich selten einen reinrassigen Hund finden werden. Bei den meisten Hunden handelt es sich um Mischlinge, bei denen wir oft nicht eindeutig erkennen können, welche Rassen und somit welche Eigenschaften in ihm stecken. Trotzallem sollten wir unsere Vorstellungen nicht beiseiteschieben. Auch ein Mischling kann diesen entsprechen. Meist sind unsere Tierheime sehr überfüllt und es würde uns genauso wie die dort lebenden und meist gestressten Hunde sehr überfordern, wenn wir uns einfach alle ansehen. Ein Besuch von fremden Menschen bedeutet meist große Aufregung für jeden Einzelnen und auch wir wären von der großen Auswahl überwältigt. Wie sollen wir unsnur durch schlichtes Vorbeigehen und kurzes Ansehen für einen von über hundert Hunden entscheiden? Vorallem müssen wir bedenken, dass wir nur durch das Vorbeigehen nicht den wahren Charakter der Hunde erkennen werden. Manche werden uns vielleicht neugierig ansehen, manche werden sich verstecken und einige werden uns verbellen oder in unsere Richtung gegen die Türe springen. Ein bellender Hund steckt womöglich die anderen an und somit werden wir von einer Horde bellender Hunde empfangen und können nicht mehr den Grund erläutern, wieso er uns gerade anbellt. Hat er Angst vor uns? Ist er womöglich aggressiv? Oder bellt er einfach nur, weil es eben alle anderen genauso machen?

Wir können also nicht sehen, wie die Tiere wirklich sind, und könnten wieder nur allein nach der Optik entscheiden. Jeden Einzelnen intensiv kennenlernen, wäre zeitlich nicht machbar und würde uns an unsere Grenzen bringen.

Wir können uns also trotzallem unsere Kriterien ansehen. Wir sollten nach wie vor wissen, wie aktiv unser Hund sein sollte, ob wir einen Hund haben wollen, mit dem wir viel unternehmen können, Hundesport betreiben und viel Wert auf die geistige Auslastung legen oder ob wir uns einen gemütlicheren Alltag wünschen und wir wissen, dass unser Hund mit ausgedehnten

Spaziergängen zufrieden ist. Wir haben uns ebenso die Größe der Hunde angesehen und uns überlegt, welche für uns optimal ist. Wir haben darüber nachgedacht, wie viel Erfahrung wir mitbringen und mit welchen Eigenschaften, Rassen oder Verhaltensweisen wir umzugehen wissen. Wir haben uns unsere Wohnsituation angesehen und wissen, ob wir uns einen Welpen oder einen erwachsenen Hund zulegen möchten. Wenn wir uns nun dafür entschieden haben, einem Hund aus dem Tierheim eine zweite Chance zu geben, gibt es noch ein paar mehr Aspekte, die wir uns vorab überlegen können.

DAS ALTER

Im Tierheim finden wir von frisch geborenen Welpen bis zu Senioren jedes mögliche Alter. Wir wissen mittlerweile, worauf wir uns bei einem Welpen einlassen würden, und haben uns überlegt, ob wir die Zeit und Geduld dafür aufbringen können und wollen. Oder vielleicht haben wir uns dafür entschieden, einen erwachsenen Hund oder gar einen alten Hundzu nehmen? Wir können somit einige auf uns wartende Kandidaten bereits aufgrund ihres Alters vorab ausschließen und andere wiederum in die engere Wahl mit einbeziehen. Dies verringert schon einmal deutlich unsere Möglichkeiten und macht uns die Auswahl wesentlich einfacher.

Sehen wir uns daher beide Möglichkeiten nochmals näher an. Gehen wir davon aus, wir möchten uns einen Welpen zulegen, so müssen wir trotzallem unterscheiden, ob vom Züchter oder aus dem Tierheim. Wir müssen damit rechnen, dass ein Welpe aus dem Tierheim ebenso seine, wenn auch nur sehr kurze, Vergangenheit hat und das eine oder andere Problem mit sich bringt. Ein Welpe vom Züchter wächst gut behütet im Beisein der Elterntiere auf und ist meist gut sozialisiert. Das können wir von einem Welpen aus dem Tierheim nicht erwarten. Denn wie kommt ein Welpe in ein Tierheim? Gerade erst einmal ein paar Wochen auf der Welt und schon verbringt er seine Zeit damit, hoffnungsvoll auf eine Chance zu warten. Es könnte sein, dass der Welpe aus einem illegalen Welpenhandel stammt und dieser womöglich noch rechtzeitig verhindert wurde oder der Welpe sogar übergeblieben ist und ausgesetzt wurde. Der Welpe wurde in diesem Fall vermutlich viel zu früh von der Mutter getrennt, was zur Folge haben kann, dass er ein schlechteres Immunsystem hat und vor allem nicht so gut sozialisiert ist. Er hat uns Menschen vermutlich auch nicht sehr liebevoll kennengelernt und zeigt sich aus Unsicherheit heraus sehr überdreht und aufgeregt in unserer Gegenwart. Hier sollten wir großen Wert darauf legen, dem Welpen beibringen zu können, wie er zur Ruhe kommt und uns gegenüber Vertrauen lernt. Eine andere Möglichkeit ist, dass er bereits einmal ein Zuhause hatte und wieder abgegeben wurde. Meist geschieht dies, wenn man sich zu vorschnell für einen Welpen entscheidet und die Arbeit, die man investieren muss, unterschätzt oder wenn der Welpe als Geschenk galt und den eigentlichen Besitzern die Entscheidung abgenommen wurde. Leider ist es immer noch sehr beliebt, Welpen als Geschenke, zum Beispiel zu Weihnachten, zu verwenden, vor allem für Kinder. Es kommt oft vor, dass sich Kinder sehnlichst ein Haustier wünschen, weil sie es womöglich von Freunden oder Verwandten kennen. Sie nörgeln so lange, bis dann unter ihrem Weihnachtsbaum der Welpe wartet. Dieser ist natürlich im ersten Moment großartig und wird über die Maßen gestreichelt, bespaßt und allen Freunden und der ganze Familie vorgeführt. Doch niemand hat sich vorab mit den Kindern zusammen gesetzt und mit ihnen über die Regeln und die Erziehung eines solchen Welpen gesprochen. Niemand will wirklich die Arbeit damit haben, denn er gehört ja den Kindern. Diese können sich aber absolut nicht im Klaren darüber sein, was es bedeutet, Verantwortung für den Hund zu tragen. So führt eines zum anderen, der Welpe wird größer und unbändiger oder vielleicht sogar schon nach einigen Wochen zu anstrengend und für die Kinder wieder uninteressant. Und auch so landet ein weiterer Hund im Tierheim. Dieser Welpe kennt es nun bereits, ein Zuhause zu haben, und muss auch mit einigen Lebenswochen bereits erfahren, was es bedeutet, verlassen zu werden. Manche Hunde verkraften dies ein, zwei Mal recht gut, einige verkraften es aber bereits beim ersten Mal schon nicht. Sie verlieren ebenso das Vertrauen in uns Zweibeiner und es muss wieder von neu aufgebaut werden. Wir sollten uns daher auch bei einem Welpen genügend Zeit nehmen, um ihn kennen zu lernen, uns mit den Pflegern des Tierheims zu beraten und nach seiner Geschichte zu fragen.

Angenommen, wir entscheiden uns für einen erwachsenen Hund,gibt es hier natürlich einige Unterschiede. Wir könnten uns einen Hund zulegen, der zwei, vielleicht drei Jahre alt ist, womöglich mitten in der Pubertät steckt und daher seine Grenzen bei unsum einiges mehr austesten wird. Ebenso könnten wir uns einen Senior zulegen, der bereits, wie unser Dackel im Beispiel, seine Gewohnheiten und Eigenheiten hat. Auch diese unterschiedlichen Ansprüche sollten wir uns ansehen und uns beraten lassen. Gerade wenn wir Anfänger sind, bedeutet ein pubertierender, übermütiger Labrador um einiges mehr Anstrengung und Zeit als ein sechsjähriger, gemütlicher Golden Retriever oder unser alter Dackel.

Bei unseren Senioren sollten wir auch den gesundheitlichen Aspekt und den damit verbundenen finanziellen Aufwand nicht außer Acht lassen. Auch unsere vierbeinigen Begleiter werden im Alter anfälliger und haben um einiges mehr Probleme als ein junger Welpe.

DAS VERHALTEN

Wir haben uns ebenso überlegt, wie viel Erfahrung wir mitbringen und welches Verhalten wir uns von unserem zukünftigen Hund wünschen. Als Neulinge sollten wir uns keinen Hund zulegen, der drastische Verhaltensprobleme wie Futterneid, Unverträglichkeit oder Aggression mit sich bringt. Es gibt allerdings noch einige Charakterzüge, über die wir uns bewusst werden sollten. Wir werden im Tierheim auf verschiedene Charaktere stoßen. Einige Hunde landeten durchverschiedene Zufälle im Tierheim und haben eventuell trotzdem nie etwas Schlechtes erlebt. Sie sind aufgeschlossen, freundlich und menschenbezogen. Oder aber sie haben einige schlechte Erfahrungen gemacht, aber eben nicht mit uns Menschen. Vielleicht sind sie uns gegenüber sehr aufgeschlossen, fürchten sich aber vor Treppen, Wohnungen, jeglichen Geräuschen, Fahrrädern oder anderen schnellen Bewegungen. Andere haben aber unter Umständen das Vertrauen zu uns Zweibeinern verloren. Sie zeigen sich zwar nicht aggressiv, aber schüchtern und zurückhaltend. Wir sollten uns daher, bevor wir uns einen Hund aus dem Tierheim zulegen, gut überlegen, womit wir am besten umgehen können. Vielleicht kennen wir bereits diese Erfahrungen von Freunden und können uns beraten lassen. Einem Hund das Vertrauen wieder zu lehren, erfordert viel Verständnis, Mitgefühl und Geduld. Es bedeutet ebenso, nicht nur selbst sein Vertrauen zu gewinnen, sondern ihm zu lehren, auch vor Fremden keine Angst zu haben. Wir möchten schließlich weiterhin Freunde und Familie zu uns einladen können, ohne dass unser Hund hinter der Couch verschwindet. Genauso möchten wir unsere Spaziergänge genießen können und ihm damit eine Freude bereiten und sehen es bestimmt nicht gerne, wenn er sich vor jedem vorbeigehenden Menschen hinter unseren Beinen versteckt. Es spricht nichts dagegen, uns als Anfänger dieser Herausforderung zu stellen. Wichtig ist hier wieder die Hilfe, die wir uns dabei holen. Eine Hundeschule ist in diesem Fall unumgänglich, denn sie bietet uns ein erfahrenes Umfeld, indem wir sofortige Hilfe erwarten können, und bringt dem Hund Schritt für Schritt mehr Selbstbewusstsein. Wenn der Hund etwas Neues lernt oder ein Hindernis meistert, vor dem er zuvor noch schreckliche Angst hatte, stärkt ihn dies in seiner Sicherheit.

KINDER

Bei der Anschaffung eines Hundes aus dem Tierheim spielen Kinder im Haushalt immer eine große Rolle. Niemand von uns, auch kein Tierheim, möchte leichtfertig unsere Kinder in Gefahr bringen. Daher ist es wichtig, sie bei der Wahl mit einzubeziehen und sie vor allem auch ins Tierheim mit zu nehmen. Wir werden dort auf Hunde treffen, die sich über Kinder freuen, mit ihnen spielen und kuscheln wollen und das gemeinsame Toben und Laufen genießen. Wir werden allerdings aber auch auf Hunde stoßen, denen Kinder schlichtweg suspekt sind.

Das Thema Kind mit Hund ist stets heikel und wir sollten uns vorab sehr gut informieren und unsere Kinder darüber aufklären, wie man sich Hunden gegenüber verhält. Kinder stellen für Hunde immer ein kleines Risiko dar. Die Körpersprache und das Verhalten von uns Erwachsenen haben Hunde im Laufe der Jahrhunderte lesen gelernt. Sie können unsere Körpersprache mittlerweile sehr gut deuten und unser Verhalten einschätzen. Kinder unterscheiden sich hier drastisch. Sie haben hektischere und schnellere Bewegungen, sie verarbeiten ihre Emotionen mehr mit der Stimme und dem Körper als innerlich. Ein wütender Erwachsener wird vermutlich ein wenig zu viel schimpfen, aber versuchen, sich zusammen zu reißen und sich zu beruhigen. Ein wütendes Kind wird schreien, stampfen und ziellos auf und ab rennen. Ein gut gelaunter Erwachsener wird freudig sprechen, lächeln und seinen Tag genießen. Ein fröhliches Kind wird vermutlich singend durch die Wohnung laufen, ein Spielzeug nach dem anderen verwenden, im Garten mit dem Ball spielen oder tanzen. All diese Bewegungen und Laute wirken auf unsere vierbeinigen Mitbewohner unkontrolliert. Ein Hund, der das Vertrauen in den Menschen verloren hat, schlechte Erfahrungen gemacht hat oder nie viel kennenlernen durfte, wird dies daher mehr als Gefahr einschätzen als ein Hund, der gut sozialisiert aufwuchs, eventuell bereits mit Kindern Kontakt hatte oder sogar schon mit ihnen zusammen gelebt hat. Hier ist auch das Alter unserer Kinder wichtig. Wir müssen einschätzen können, ob unser Kind alt genug ist, unsere Regeln zu Hause betreffend den Hund zu beachten, oder ob es noch zu jung ist und die Regeln womöglich nicht einhält oder nicht versteht. Sind unsere Kinder bereits alt genug, können wir uns durchaus einen etwas schüchterneren Hund zulegen und ihm gemeinsam mit unseren Kindern zeigen, wie schön das Zusammenleben mit einer Familie sein kann. Sind unsere Kinder noch jünger, ist ein sehr aufgeschlossener Hund, der weder schreckhaft noch misstrauisch ist, die bessere Wahl. Hierbei sollten wir uns unbedingt mit den Pflegern, die die Hunde persönlich kennen, beraten und so herausfinden, welche Kandidaten zu uns passen. Wir sollten ebenso die Zukunft berücksichtigen. Es könnte doch sein, dass wir zwar jetzt keine Kinder haben, uns aber in den nächsten Jahren ein Kind wünschen würden. Kein Fehler ist größer, als diesen Wunsch nicht in unser Vorhaben mit einzubeziehen und unseren Liebling dadurch in ein paar Jahren wieder abgeben zu müssen.

GESUNDHEIT

Bei unseren pelzigen Kandidaten aus dem Tierheim sollten wir uns auch dem gesundheitlichen Aspekt widmen. Natürlich ist klar, dass jeder Hund einmal krank werden oder sich verletzen kann und dass ein Hund im Alter – genau wie wir Menschen – einen größeren medizinischen Aufwand erfordert. Wenn wir uns einen Welpen vom Züchter oder aus dem Tierheim zulegen, wird uns niemand sagen können, was die Zukunft bringt. Bei erwachsenen oder alten Hunden im Tierheim ist der Gesundheitszustand allerdings bekannt. Wir werden Hunde kennenlernen, die eventuell chronische Krankheiten wie Epilepsie oder Futtermittelallergien haben, wir werden bei den Senioren auch auf altersbedingte Erkrankungen wie Nierenprobleme oder Schilddrüsenprobleme treffen. Große Rassen bringen oft HD (Hüftdysplasie) mit und kleine Rassen leiden oft an Patellaluxation (Herausspringen der Kniescheibe). Wir haben somit einen ungefähren Eindruck, welche Tierarztkosten auf uns zukommen würden. Bei manchen Hunden wird bereits feststehen, dass eine Operation notwendigst, bei den anderen ist klar, dass sie dauerhaft Medikamente bekommen müssen. Hier sollten wir daher den finanziellen Aufwand als neuer Hundebesitzer berücksichtigen. Wenn wir uns momentan keinen großen Aufwand leisten können, da wir eventuell noch studieren und nicht arbeiten gehen oder alleine wohnen und uns im Monat nicht viel über bleibt oder wir vielleicht sogar alleinerziehend sind, dann sollten wir auf diese Hunde verzichten. Wir tun ihnen keinen großen Gefallen, wenn wir ihnen zwar ein nettes Zuhause schenken, uns aber um ihr gesundheitliches Wohl nicht kümmern können. Es kann uns bei jedem Hund jederzeit passieren, aber wir können verhindern, uns vorsätzlich diesen Kosten auszusetzen.

DAS ERSTE KENNENLERNEN

Wir haben nun eine klare Vorstellung davon, welches Alter und welche Größe wir bevorzugen, wie hoch der finanzielle Aufwand sein darf, ob Kinder eine Rolle spielen und ob wir uns für den aufgeschlossenen Hund entscheiden oder uns doch der Aufgabe eines schüchternen Hundes widmen. Nun können wir die große Auswahl der Tierheime sehr gut eingrenzen und uns auf wenige Kandidaten konzentrieren.

Wenn wir in ein Tierheim gehen, um unseren zukünftigen Hund kennenzulernen, sollte uns bewusst sein, dass dies definitiv anders ablaufen wird als bei einem Züchter. Bei einem Züchter treffen wir auf ausgelastete und wohl behütete Hunde, die sich über uns Menschen freuen und für dieunser Besuch keinen Stress darstellt. Vor allem für die Welpen wird dies vermutlich ein Highlight ihres Tages. Sie treffen auf neue, unbekannte Menschen, die ihnen vermutlich etliche Streicheleinheiten und Spielaufforderungen bieten. Sie werden sich über unsere Aufmerksamkeit freuen und wetteifern, wer als erstes und am meisten auf unserem Schoß sitzen darf. Vielleicht bringen sie uns auch voller Stolz und Aufregung ihre Spielzeuge und Kuscheltiere und warten gespannt darauf, ob sie uns genauso gefallen wie ihnen. Sie werden uns zeigen, wie großartig es ist, über die Wiese zu laufen, wie gut sie miteinander auskommen und spielen können. Sie werden all unsere Taschen und Jackentaschen ausräumen wollen, in der Hoffnung, wir haben ihnen etwas Tolles mitgebracht. Vor lauter Aufregung werden sie uns zwicken, mit unseren Händen spielen, unsere Finger kosten und jeden einzelnen Faden unserer Kleidung abreißen wollen. Sie werden sich nicht entscheiden können, was an uns sie als erstes kennenlernen wollen, werden uns anspringen und jeden Schritt, den wir machen, verfolgen. Ein Besuch beieinem gut sozialisierten Welpenrudel wird mit Freude, Neugier und vielen, vielen Glücksgefühlen erfüllt sein.

In einem Tierheim dagegen ist der Alltag der Hunde meist mit Stress erfüllt und ein Besuch von fremden Menschen ungewöhnlich. Wir müssen uns vorstellen, dass diese Hunde bereits einiges in ihrem Leben erlebt haben. Es können wunderschöne und gute Erfahrungen sein, sie können eine liebevolle Familie gehabt haben, aus der sie plötzlich gerissen wurden. Es können schlechte Erfahrungen gewesen sein. Sie wurden vielleicht von Menschen schlecht behandelt oder nicht beachtet, kennen keine Zuneigung oder mussten vielleicht schon etliche Male ihr Zuhause wechseln und sich verabschieden. Vollkommen gleich, aus welchen Situationen sie gerissen wurden, sie sitzen nun völlig alleine in einem Tierheim. Die meiste Zeit verbringen sie alleine in ihrem kleinen Zimmer. Sie sehen hin und wieder einen Pfleger vorbei laufen, der gerade am Putzen ist oder einen anderen Hund Gassi führt. Sie hören Stimmen von allen möglichen Richtungen und das Bellen ihrer Nachbarn. Sie haben nichts außer den Ausblick aus ihrem Fenster und ein, zwei Spielzeuge, mit denen sie sich den ganzen Tag lang alleine beschäftigen müssen. Ein oder zwei Mal pro Tag sind endlich sie an der Reihe für einen Spaziergang. Der Pfleger, der schon so oft an ihnen vorbei ging, bleibt endlich an ihrer Türe stehen. Wir können uns vorstellen, wie aufregend das für den Hund sein muss, nach ewigen Stunden der Langeweile endlich hinaus zu dürfen! Die Hunde starten also in Richtung Pfleger, können kaum eine Sekunde still stehen, da sie es nicht erwarten können, zu gehen. Die Pfleger haben oft Mühe, dem Hund das Halsband oder Brustgeschirr anzulegen, und kämpfen mit dem zappelnden Hund in der einen Hand und der kleinen Schnalle der Leine in der anderen Hand. Kaum geht die Türe auf, schaltet sich beim Hund der Turbo ein und er rennt hinaus auf die Wiese. Vermutlich muss er erst einmal seine überfüllte Blase leeren, während er sich gleichzeitig umsieht und überlegt, in welche Richtung er gleich losrennen möchte. Viele

Möglichkeiten gibt es oft nicht. Die meisten Tierheime haben ein Gelände, an dem sie den Hund an der Leine führen können, oder Gärten, wo sie ihn frei laufen lassen können. Wir können also davon ausgehen, dass der Hund jeden Zentimeter des Tierheimes kennt. Er weiß also, was sich hinter den Ecken befindet, er weiß, wo sich die anderen Hunde befinden, er kennt den Weg zum Tierarzt und den Weg in seinen Garten, wo er sich austoben kann. Dem Hund ist dort alles bekannt und er erwartet täglich dasselbe. Nun – heute nicht. Heute sind wir da. Wir möchten diesen Hund kennenlernen und uns einen persönlichen Eindruck verschaffen. Der Hund geht also wie gewohnt mit seinem Pfleger über das Gelände, an den Hunden vorbei, bloß nicht in Richtung Tierarzt, sondern geradewegs auf seinen Garten zu. Und plötzlich das große Unerwartete: Dort stehen fremde Menschen! Nämlich wir, wartend und gespannt, was nun passiert.

Vermutlich würden wir uns wünschen, dass der Hund uns sieht, auf uns zu läuft und sich freut. Wir würden uns vermutlich wünschen, dass der Hund mit uns kuschelt, sich streicheln lässt und sich uns gegenüber sehr anhänglich zeigt. Oft genug wurde uns von verschiedensten Menschen gesagt, dass sich der Hund sein Zuhause selbst aussucht, dass er nur dann der richtige Hund ist, wenn er genau diese Wünsche voller Freude erfüllt. Auch die Pfleger haben uns vorab mitgeteilt, dass der von uns ausgewählte Hund sehr freundlich und menschenbezogen ist und gerne kuschelt. Es kann also gar nicht anders kommen.

Der Hund sieht nun also fremde Menschen in seinem Garten stehen, die er dort noch nie zuvor gesehen hat. Seine tägliche Routine, die er in einem Tierheim hat, ist also dahin. Das Erwartete trat nicht ein und urplötzlich muss er sich auf etwas Neues einstellen. Es gibt durchaus Hunde, denen das nicht viel ausmacht, die sich vielleicht sogar über Unbekanntes freuen. Genauso gibt es aber auch Hunde, denen dies erst einmal unheimlich erscheint. Und die mehr Zeit als die restlichen Meter zum Tor des Gartens benötigen, um mit der Situation zurecht zu kommen.

Uns sollte daher bewusst sein, dass jeder Hund anders reagieren kann. Und dass uns jegliches Verhalten des Hundes, welches uns vorab von den Pflegern beschrieben wurde, erst einmal nicht gezeigt wird. Es liegt also an uns, es dem Hund einfacher zu machen und uns richtig zu verhalten, denn schließlich ist uns im Gegensatz zum Hund völlig bewusst, was nun als nächstes passiert.

Wie verhalten wir uns also richtig und was dürfen wir vom Hund erwarten und was nicht?

Eine der wichtigsten Regeln ist, unsere Freude und Aufregung nicht auf den Hund zu übertragen. Fremde Menschen in seinem Garten sind bereits eine Herausforderung, fremde springende, schreiende und wild umherfuchtelnde Menschen würden ihn wohl überfordern. Wir sollten daher darauf achten, dass wir ruhig auf einer Stelle stehen oder uns setzen und den Hund auf seine Art und Weise auf uns zukommen lassen. Wir warten erst einmal ab, wie der Hund auf uns im Ruhezustand reagiert.

Manche Hunde, denen eine solche Situation nicht viel ausmacht, werden sich zugänglich zeigen. Sie werden freundlich auf uns zukommen und uns kennenlernen wollen. Einige davon werden es vermutlich auch ein wenig übertreiben und wie Raketen auf uns zu rennen und uns umschmeißen oder anspringen und wie wild durch den Garten rennen. Wir werden uns natürlich überaus freuen, dass der Hund sich über unsere Anwesenheit freut und keine Angst vor uns hat. Wir sollten aber darauf achten, dass wir diese große, übertriebene Aufregung nicht annehmen und uns nicht damit anstecken lassen. Wenn wir dem Hund genauso begegnen wie er uns, ihn sofort zum Spielen motivieren oder uns ihm vielleicht sogar anschließen und mit über die Wiese rennen, entsteht schnell eine sehr hektische Atmosphäre. Respektvoll und vertrauenswürdig begegnet man einem Tier stets ruhig und gelassen. Wir können unserem zukünftigen Hund daher seine „närrischen fünf Minuten" gerne gönnen und uns ein wenig anspringen lassen, sollten selbst aber der Fels in der Brandung sein und ruhig bleiben. Wir sollten ihm weder hinterherlaufen noch ihn zum Spielen motivieren. Denn bedenken wir einmal, wie ein Hund seine Artgenossen oder uns Menschen kennenlernt. Dies geschieht meist über intensives Riechen. Zwischen Artgenossen findet dies meist am Hinterteil des Gegenübers statt, bei uns Menschen an den Gliedmaßen, aufgrund des Größenunterschiedes meist an den Beinen. Nun, ein Hund, der uns nur anspringt und um uns herumläuft, hat sich offensichtlich noch nicht die Zeit genommen, uns kennenzulernen. Es ist zwar schön, dass er sich über uns freut, es wäre aber auch gut, wenn er weiß, wer wir sind. Daher sollten wir ruhig bleiben und nicht auf sein Verhalten eingehen, dadurch wird auch der Hund Schritt für Schritt ein wenig zur Ruhe kommen und irgendwann an unseren Beinen schnuppern und vielleicht sogar kuscheln kommen.

Andere wiederum werden vielleicht so tun, als wären wir gar nicht da. Der Hund kommt also in den Garten und geht gemütlich am Zaun entlang, schnüffelt am Gras und markiert die Bäume. Auf uns wird es im ersten Augenblick so wirken, als hätte dieser Hund absolut kein Interesse an uns. Und als wären wir ihm völlig egal. Schenken wir nun dem Irrglauben Glauben, dass ein Hund sich sein Zuhause aussucht, stempeln wir ihn sofort als für uns nicht den richtigen Hund ab. Doch was bedeutet das Verhalten wirklich und wie können wir uns richtig verhalten?

Fest steht, der Hund hat uns – egal, ob er uns ansieht oder nicht – in jedem Fall wahrgenommen. Er weiß genau, dass hier in seinem Garten fremde Menschen stehen. Hunde, die dies augenscheinlich nicht beachten, haben meist nur große Hemmung davor, sich dem Unbekannten zu nähern. Sie sind also definitiv schüchterner als der stürmische Kumpel. Sie wissen nicht genau, was wir von ihnen wollen, wieso wir hier stehen. Vermutlich starren wir sie auch noch hoffnungsvoll und erwartungsvoll an. Somit bleibt er lieber erst einmal auf Abstand und versucht, die Situation aus der Ferne zu beurteilen. Genau genommen werden wir einer kleinen Prüfung unterzogen. Er beobachtet unser Verhalten und versucht, uns einzuschätzen. Unter keinen Umständen sollten wir ihm das wegnehmen. Es wäre also falsch und könnte großes Misstrauen hervorrufen, wenn wir auf den Hund zugehen, ihn vielleicht sogar auf seinem Weg entlang des Zaunes begleiten oder gar hinabgreifen, um ihn zu streicheln. Auch ein ständiges Rufen seines Namens oder Lockgeräusche sind hier fehl am Platz. Die einfachste und richtige Art, dem Hund die nötige Zeit zu schenken, ist, wenn wir ihn einfach in Ruhe lassen. Am besten unterhalten wir uns untereinander oder mit dem Pfleger und geben dem Hund die Zeit, von selbst zu kommen. Wir zeigen ihm damit, dass wir seinen Abstand respektieren, ihn nicht bedrängen und keine Gefahr darstellen. Wenn der Hund sich sicher genug fühlt, wird er von ganz alleine Kontakt zu uns aufnehmen. Auch hier sind die Schlüsselwörter wieder Ruhe und Gelassenheit. Wenn er endlich seinen Weg zu uns gefunden hat und an unserem Bein schnüffelt, sollten wir ihn nicht gleich wieder mit großem Jubel und plötzlichen Streichelattacken verschrecken. Wir können ihn schnüffeln lassen, uns eventuell hinhocken, um nicht so mächtig auf ihn zu wirken, und ihm ruhig und nett zureden. Je selbstständiger wir den Hund auf uns zukommen lassen, desto schneller wird er Vertrauen zu uns aufbauen und eine Bindung herstellen können.

Manche Hunde sind vielleicht so ängstlich, dass sie sich hinter den Pflegern verstecken oder uns anbellen. Auch das sollte uns nicht als Zeichen dienen, dass uns unser ausgewählter Hund nicht mag. Er ist lediglich mit der Situation komplett überfordert. Es wäre ja möglich, dass wir die ersten Menschen überhaupt sind, die ihn besuchen. Hier gilt es, ebenso wie beim schüchternen Hund ihn nicht zu locken, zu rufen oder zu bedrängen. Am besten machen wir uns klein, indem wir uns auf den Boden oder auf einen Stuhl setzen, und beachten ihn erst einmal gar nicht. Der Pfleger wird wissen, wie er dem Hund am besten helfen kann und mit ihm gemeinsam Schritt für Schritt auf uns zukommen.

Je nachdem, wie viele Auswahlkriterien wir hatten und wie groß die Auswahl im Tierheim war, haben wir nun einen oder mehrere Hunde kennengelernt. Wichtig ist nun, die Eindrücke erst einmal zu verarbeiten. Womöglich war es unser erster Besuch in einem Tierheim und wir müssen die Umstände und das Leid, das wir gesehen haben, verkraften. Außerdem haben wir verschiedene Hunde mit verschiedenen Reaktionen und Charakteren kennengelernt. Sich einen Hund zuzulegen, sollte niemals wie ein normaler Kauf, wie zum Beispiel die Anschaffung einer neuen Couch, gehandhabt werden. Kaufe ich mir heute eine Couch, die mir nächstes Jahr nicht mehr gefällt, tausche ich sie eben wieder aus. Die Anschaffung eines Hundes bedeutet, mich für ein Lebewesen entschieden zu haben, welches ab dem Tag der Adoption auf mich angewiesen ist. Es bedeutet jahrelange Verantwortung und Verpflichtung. So eine Entscheidung sollten wir nicht spontan vor Ort treffen. Wir sollten uns in jedem Fall, auch wenn wir uns nur einen einzigen Hund angesehen und uns sofort in ihn verliebt haben, die Zeit nehmen, nochmals darüber nachzudenken. Wir sollten uns einen weiteren Termin ausmachen, an dem wir mit dem Hund spazieren gehen können, um ihn noch einmal zu sehen, ihn noch besser kennenzulernen und ihm die Möglichkeit zu geben, auch uns noch einmal kennenzulernen. Erst, wenn wir alles genau überlegt, darüber geschlafen und den Hund mehrmals besucht haben, sollten wir uns entscheiden. Wir tun niemandem einen Gefallen, wenn wir den Hund so schnell wie möglich nach Hause holen, um ihm vielleicht ein paar Tage im Tierheim zu ersparen, ihn dann aber wieder unter Umständen doch zurück bringen müssen. Für den Hund bedeutet dies, ein weiteres Mal enttäuscht zu werden, ein weiteres Mal verlassen zu werden, noch weniger Vertrauen in uns Menschen zu haben und sich ein weiteres Mal auf eine neue Umgebung einzustellen. Ebenso wenig schön ist es für uns, nach kurzer Zeit aufgeben und sich wieder von dem Hund trennen zu müssen und die vorwurfsvollen Blicke der Mitarbeiter im Tierheim zu ertragen.

Kapitel 3

VORBEREITUNGEN TREFFEN

Wenn wir uns bereits für einen Hund entschieden haben, liegt noch ein wenig Arbeit vor uns, bevor wir unseren Liebling nach Hause holen. Wenn wir uns einen Hund vom Züchter anschaffen, haben wir ab der Geburt ausreichend Zeit, bis er alt genug ist, um von der Mutter getrennt zu werden. Bei einem Hund aus dem Tierheim sollten wir mit der Abholung ebenso nicht zu übereifrig sein. Zumindest ein paar Tage sollten wir uns noch Zeit nehmen, um wichtige Vorbereitungen zu treffen.

Basisutensilien einkaufen

Für jeden Hund benötigen wir bestimmtes Zubehör, welches in einem Hundehaushalt nicht fehlen darf. Vor lauter Vorfreude wird das eine oder andere Mal auf wichtige Dinge vergessen. Daher sollten wir uns vorab eine Checkliste machen, um den Hund nicht mit schnellen, spontanen Einkäufen gleich zu Beginn zu stressen oder ihn gar alleine zu lassen.

CHECKLISTE

- → Futter-/Wassernapf
  - ○ Mind. 1 Schüssel pro Verwendung
  - ○ Richtige Größe
- → Hundebett
  - ○ Mind. 2 in verschiedenen Räumen
  - ○ Richtige Größe
- → Hundefutter
  - ○ Altersentsprechend
  - ○ Gute Qualität
- → Spielzeug
  - ○ Für Hunde geeignet
  - ○ Altersgerecht (nichts Quietschendes bei Welpen)
- → Leine
  - ○ Kurze Leine (2–3 Meter)
  - ○ Schleppleine, ersetzt Freilauf (ab 10 Meter)
- → Brustgeschirr/Halsband
  - ○ Tierschutzkonform
  - ○ Richtige Größe
- → Pflegeprodukte
  - ○ Fellbürste
  - ○ Krallenschere
  - ○ Zeckenzange
- → Transportutensilien
  - ○ Box im Kofferraum
  - ○ Oder Gurt auf der Rückbank

WOHNUNG/GARTEN HUNDESICHER GESTALTEN

Wenn es unser erster Hund ist, werden wir vermutlich vorab auf vieles nicht geachtet haben. Wir sollten uns daher die Zeit nehmen, einen Rundgang durch unsere Wohnung oder unser Haus und unseren Garten zu machen. Wichtig ist, dass keine giftigen Pflanzen vorhanden sind, keine offenen Stromleitungen herum liegen, und unsere Dekoration, die der Hund nicht kaputt machen oder fressen sollte, weit genug oben steht. Bei Hunden, die noch nicht stubenrein sind, wäre es von Vorteil, vorerst unsere Teppiche wegzuräumen. Im Garten ist das aller Wichtigste der Zaun. Wir dürfen unsere Hunde keinesfalls unterschätzen und sie anfangs nie alleine in den Garten lassen. Sie finden oft Wege und Möglichkeiten, um auszubrechen, indem sie sich unten durch buddeln, ein Loch in den Maschendraht beißen oder darüber springen. Daher müssen wir unbedingt alle Löcher schließen und den Hund anfangs beobachten, um rechtzeitig zu merken, wenn er doch eine Ausbruchsstelle findet.

URLAUB REGELN

Wir sollten vorab mit unserer Arbeitsstelle abklären, genügend Urlaub oder Homeoffice zu erhalten. Ein Welpe benötigt einige Wochen, um stubenrein zu werden, und weitere Wochen, um ihm beizubringen, alleine zu bleiben. Ebenso brauchen wir für einen erwachsenen Hund mindestens zwei Wochen, um ihm beizubringen, sich in unserer Wohnung, seiner neuen Umgebung, richtig zu verhalten, während wir arbeiten sind. Lassen wir unseren Vierbeiner frühzeitig zu lange alleine, kann das langfristige Probleme mit sich bringen. Ein Hund, der es nicht anständig gelernt hat, wird bellen, jaulen oder uns die Einrichtung verwüsten und Trennungsangst entwickeln. Ihm dieses Verhalten wieder abzugewöhnen, wird uns einiges mehr an Zeit und Nerven kosten, als wir benötigen, um es ihm zu Anfang richtig beizubringen. Daher sollten wir unbedingt von Beginn an die Zeit nützen und einplanen, um einen harmonischen und stressfreien Alltag für beide Parteien zu ermöglichen.

Kapitel 4

DER EINZUG

Die erste Zeit mit dem neuen Hund ist sehr wichtig. Die Erziehung und der Aufbau der Bindung beginnen mit der ersten Minute, die wir mit unserem Schützling zusammen sind. Es können sich hier allerdings einige Fehler einschleichen, die uns langfristig zum Verhängnis werden können. Ein grober Überblick, wie wir die erste Zeit gestalten sollten, kann daher vorab gut überlegt werden. Wir sollten uns nicht nur darauf freuen, sondern auch die Sicht des Hundes verstehen zu lernen, denn unser Hund wartet im Gegensatz zu uns nicht voller Vorfreude auf seine Abholung. Für ihn ist es ein plötzliches und spontanes Ereignis, das unser Einfühlungsvermögen fordert. Ein paar wichtige Grundregeln sollten wir daher unsererseits beachten, um dem Hund einen stressfreien Einzug zu ermöglichen.

SPAZIERGÄNGE

Es ist wichtig und unumgänglich, mit unserem Hund spazieren zu gehen. Dies können wir klarerweise nicht aufschieben, bis er sich richtig eingelebt hat. Aber wir können es so einfach wie möglich gestalten. Bei jedem Spaziergang sammelt der Hund Eindrücke und Erfahrungen und verlangt einiges an Konzentration und Aufmerksamkeit. Nach jedem Spaziergang werden wir nach Hause kommen, wo ein ausgelasteter Hund vermutlich nur noch den Weg zu einer Wasserschüssel aufsucht, um sich dann ein gemütliches Plätzchen zum Ruhen zu suchen. Kennt er unsere Wohnung und Umgebung noch nicht, wird ihm das recht schwer fallen. Er sollte daher unbedingt die Wohnung oder unser Haus noch vor den Spaziergängen kennenlernen, um sich dort schon vorab orientieren zu können. Wir sollten daher darauf achten, dass unser Hund sein Geschäft noch vor der Abholung verrichten kann, notfalls indem wir noch eine kleine Runde in seiner gewohnten Umgebung drehen, bevor wir losfahren. Wenn wir zu Hause angekommen sind, sollten wir dem Hund mindestens zwei Stunden schenken, in denen er ungestört unsere Wohnung erkunden darf, bevor wir den ersten Spaziergang wagen. Wie wir bereits bei der Stubenreinheit eines Welpen besprochen haben, sollten sich unsere täglichen Spaziergänge nicht großartig voneinander unterscheiden. Wir brauchen nicht zu fürchten, dass dem Hund vielleicht am dritten Tag der Weg bereits langweilig wird. Er hat noch Zeit genug, jeden einzelnen Weg kennenzulernen. Er braucht außerdem Zeit, bis er sich sicher fühlt. Es kann uns daher auch passieren, dass ein erwachsener Hund aus dem Tierheim, der als stubenrein galt, das eine oder andere Mal ein Souvenir in der Wohnung hinterlässt. Bestenfalls nützen wir die ersten ein bis zwei Wochen, um ihm unsere „Hausrunde" zu zeigen, und weiten die Spaziergänge Schritt für Schritt weiter aus.

WOHNUNG ALLEINE ERKUNDEN

Es ist wichtig, wenn wir mit unserem Hund nach Hause kommen, dass wir ihn nicht überfordern. Der Hund weiß selbst am besten, wie er sich eine Umgebung ansieht und kennenlernt, wir brauchen ihm daher nicht zu helfen. Wir können ihn ruhig ableinen, uns auf die Couch setzen und ihm beim Erkunden in Ruhe zusehen. Natürlich sollten wir ihm nicht jede Freiheit lassen und ihm nicht alles erlauben. Zum Beispiel: Wir wollen nicht, dass unser Hund auf das Bett springt. Beim Erkunden kann es natürlich sein, dass er es ausprobiert. In dem Fall sollten wir ihn allerdings nicht ausschimpfen oder bestrafen, denn er ist neu hier und kennt die Regeln nicht. Es wäre auch für unsere Bindung schlecht, wenn er gleich von uns eingeschüchtert wird. Wir sollten ihm daher freundlich zeigen, was das richtige Verhalten wäre, indem wir ihn vom Bett locken und belohnen, sobald er wieder auf dem Boden steht. Er wird von seiner Entdeckungsreise vermutlich irgendwann erschöpft sein und sich niederlassen, um die Eindrücke zu verarbeiten. Diese Ruhe sollten wir ihm ebenfalls unbedingt gönnen. Ständiges Anreden, Spiel- oder Kuschelaufforderungen oder Rufen sollten wir unterlassen.

KEIN BESUCH

Es ist völlig normal, dass die Anschaffung eines Hundes große Freude und Aufregung mit sich bringt. Wir haben vermutlich unserer Familie davon erzählt und unsere Freunde eingeweiht. Jeder wartet nun gespannt auf den Tag des Einzuges und unsere Berichte und Fotos. Außerdem möchte wahrscheinlich jeder unser neues Familienmitglied sobald wie möglich kennenlernen. Wir sollten mit der großen Vorstellungsrunde allerdings ein bis zwei Wochen warten. Wir dürfen nicht vergessen, dass unser Hund nicht einmal uns richtig kennt, unsere Umgebung gerade erst erkundet und sich bemüht, sich auf unseren Tagesablauf einzustellen und Vertrauen aufzubauen. Jeden Tag neue Menschen in unserer Wohnung zu haben, kann ihn sehr überfordern und ihm die Eingewöhnung erschweren.

GEREGELTER ABLAUF

Wir sollten darauf achten, dass unsere Tage und Abläufe anfangs geregelt ablaufen. Je mehr Gewohnheiten und Routine ein Hund bekommt, desto sicherer fühlt er sich. Haben wir erst einmal sein Vertrauen gewonnen und leben schon einige Zeit gemeinsam, werden unsere Anwesenheit und unsere gemeinsame Aktivitäten vermutlich im Vordergrund stehen. Bis es soweit ist, sollten wir ihm mit Routine die nötige Sicherheit bieten.

REGELN FESTLEGEN

Wenn wir nicht alleine leben, sollten wir uns vorab untereinander ausmachen, welche Regeln in unserem Haushalt für den Hund gelten sollen. Es wäre äußerst verwirrend, wenn er bei uns zum Beispiel jederzeit auf die Couch darf, bei unserem Partner, Mitbewohner oder Kindern aber nicht, denn ein Hund wird sich in den meisten Fällen darum bemühen, alles richtig zu machen und sich an unsere Regeln zu gewöhnen. Diese Eigenschaft sollten wir fördern und zu schätzen wissen, indem wir ihm die Regeln klar vorleben.

RÜCKZUG BIETEN

Wir haben nicht ohne Grund auf unserer Einkaufsliste zwei Körbchen, die wir in verschiedenen Räumen aufstellen. Für einen Hund ist es sehr wichtig, sich jederzeit zurückziehen zu können. Dies kann der Fall sein, wenn er müde ist und seine Ruhe haben möchte oder aber auch wenn er gestresst oder vielleicht verängstigt ist, beispielsweise bei Gewitter. Wir sollten ihm aber auch die Möglichkeit bieten, sich dafür mehrere Plätze zu gönnen. Es könnte ja auch sein, dass er, wenn wir viel Besuch haben und mit Freunden zusammen in unserem Wohnzimmer sitzen, nicht unbedingt mitten im Geschehen sein möchte. Er würde sich in dem Fall nicht in sein Körbchen im Wohnzimmer legen, sondern auf einen anderen, ruhigen Raum zurückgreifen. Alle Rückzugsorte vom Hund sollten von uns mit Distanz respektiert werden. Legt sich ein Hund in sein Körbchen oder vielleicht in seine Box oder Höhle, sollten wir ihm nicht nachgehen, uns nicht zu ihm legen und mit Streicheleinheiten überschütten und ebenso wenig sollten wir dann genau in dem Moment etwas von ihm wollen, indem wir ihn rufen. Wir alle benötigen Zeit für uns selbst, so auch unser Hund.

RUHEPHASEN SCHAFFEN

Ein Hund benötigt mindestens 17 Stunden Schlaf am Tag. Das klingt erst einmal viel und es wird Tage geben, wenn wir zum Beispiel große Wanderungen unternehmen, an denen wir ihm nicht so viele Stunden bieten können. Aber wir sollten es stets im Auge haben, dass unser Hund genügend schläft. Hunde verarbeiten alles, was sie lernen und entdecken, und jeden einzelnen Eindruck im Schlaf. Ein unausgeruhter Hund kann genauso frustriert sein wie ein unausgelasteter. Es ist daher wichtig, eine gute Balance zwischen körperlicher und geistiger Auslastung, aber auch Ruhe zu finden. Je jünger der Hund ist, desto mehr Schlaf benötigt er, genauso wie ein Senior. Für einen Welpen ist natürlich alles noch viel aufregender und erfordert mehr Energie als für einen erwachsenen Hund, der schon gelernt hat, wie er Dinge verarbeitet. Daher sollten wir unseren Welpen nicht zu langen Spaziergängen aussetzen und lieber kleine Runden drehen, dafür öfter am Tag, damit er zwischendurch immer genügend schläft.

GLEICHES FUTTER

Egal, ob wir uns einen Welpen zulegen oder einen erwachsenen Hund, wir sollten uns vorab erkundigen, welches Futter er momentan bekommt. Viele Hunde reagieren auf Umstellungen sensibel mit dem Magen. Nun ist es bereits eine Umstellung der Umgebung und der Menschen, da sollten wir ihn nicht zusätzlich noch stressen und neues Futter füttern. Eine Futterumstellung sollte außerdem immer langsam verlaufen und niemals plötzlich. Wir sollten uns daher zumindest für einen Monat das gleiche Futter besorgen, um dann schrittweise wechseln zu können.

Kapitel 5

LEBEN MIT KIND UND HUND

Wenn wir Kinder haben, die mit uns im gleichen Haushalt leben, und wir uns einen Hund anschaffen, haben wir damit entschieden, dass sie alt und verständnisvoll genug für ein Tier sind und verpflichten uns, beiden den Umgang miteinander zu lehren.

Selbstverständlich können wir ihnen keine Verantwortung für das Tier übertragen, da sie nicht einmal noch für sich selbst vollständig Verantwortung übernehmen. Aber wir können ihnen beibringen, wie sie mit einem Tier umgehen sollten und was Respekt gegenüber Tieren bedeutet. Im richtigen Umgang ist durch verschiedene Studien bereits bewiesen worden, dass Kinder, die mit Haustieren aufwachsen, große Vorteile im sozialen Leben aufweisen. Das Thema selbst ist sehr umfangreich und intensiv. Versuchen wir aber, uns grob einen Überblick zu verschaffen.

Egal, ob wir uns einen Welpen oder einen erwachsenen Hund zulegen, wir sollten unser Kind niemals alleine mit dem Hund lassen. Dies gilt vor allem bei sehr kleinen Kindern. Wir sollten immer darauf achten, dass unser Kind den Hund liebevoll und respektvoll behandelt und auch der Hund den Umgang mit dem Kind lernt. Wichtig ist als erstes, dem Kind zu erklären, an dem Tier nichts zu machen, was es selbst als unangenehm empfinden würde. Kein Kind würde es lustig finden, an den Haaren gezogen zu werden, festgehalten zu werden, wenn es weggehen möchte, durch zu lange und feste Umarmungen fast keine Luft mehr zu bekommen oder herumgeschupst zu werden. Den Hund ständig am Fell zu ziehen, seinen Schwanz einzufangen und festzuhalten, ihn zu treten, zu stoßen, ständig hochzunehmen oder zu umarmen, ist daher tabu.

Auch dem Hund hinterher zu laufen, wenn er wegläuft, oder gar auf ihm zu reiten, was das Kind unter Umständen als Spielen ansieht, gilt für ihn als unangenehm. Hier ist es daher besonders wichtig, die Körpersprache des Hundes zu verstehen. Ein Biss ist stets der letzte Ausweg für einen Hund. Er wird uns daher vorab auf viele verschiedene Wege zeigen, was ihm gefällt und wann er sich unwohl fühlt. Wenn wir ihm zeigen, dass wir ihn verstehen und unserem Kind sein Fehlverhalten erklären, ersparen wir uns viel Ärger. Wenn wir seine Zeichen aber nicht verstehen, wird er über die Zeit hinweg andere Wege suchen, wie er uns sein Unbehagen mitteilen kann. Irgendwann haben wir dann seine Geduld und seine umfangreiche Körpersprache ausgeschöpft und er weiß sich nur noch mit Beißen zu helfen.

Es ist bewiesen, dass die meisten Hundebisse im eigenen Haushalt geschehen und meist Kinder betroffen sind. Oft sind die Eltern in solchen Situationen sehr überrascht und verstehen nicht, wieso der Hund gebissen hat. Sie erzählen vielleicht, dass es doch niemals ein Problem gewesen ist, wenn das Kind beispielsweise auf ihm geritten ist, und plötzlich hat er gebissen. Aber es ist nicht plötzlich! Sie haben nur die Anzeichen davor nicht verstanden oder falsch gedeutet, die Kinder vielleicht auch das eine oder andere Mal alleine mit dem Hund gelassen und so die Anzeichen gar nicht erst gesehen.

Wir achten daher gut darauf, dass die Kinder den Hund nicht überstrapazieren und körperlich nicht reizen. Im gleichen Zuge sollten wir darauf achten, dass auch der Hund unser Kind respektiert, es nicht an den Ärmeln zieht oder an ihm hochspringt. Das kann Unbehagen und Ärger seitens der Kinder auslösen und der Bindung zwischen Hund und Kind genauso schaden. Die Kinder werden daraufhin auch nicht nachvollziehen können, wieso sie dem Hund gegenüber Respekt zeigen sollen, er sie aber gegenteilig behandelt. Beide Parteien müssen lernen, was sie dürfen und was nicht. Und genau dafür sind wir zuständig!

Genauso verhält es sich mit Ressourcen und Futter. Unser Kind wird genauso mit dem Hund spielen wollen wie wir. Wichtig ist dabei nur, dass unser Kind lernt, dass es der Ball unseres Hundes ist, mit dem sie spielen. Der Hund hat einen gewissen Anspruch auf sein Spielzeug. Dies wird so lange funktionieren, so lange wir ihm zeigen, dass dieses Spielzeug Spaß für ihn ist und niemand es ihm entreißen oder ihn damit ärgern möchte. Geben wir nun unserem Hund ein Spielzeig, sollten wir ihm auch immer die Zeit geben, sich damit ein wenig alleine zu beschäftigen. Sitzt nun unser Kind neben dem Hund und nimmt es ihm immer wieder weg, weil der Blick des Hundes, wenn es hinter dem Rücken des Kindes versteckt wird, so sehenswert ist, wird der Hund den Spaß verlieren und es als Ärgern empfinden. Er wird daraus lernen, dass er allzeit bereit sein muss, sein Spielzeug zu verteidigen, denn nicht einmal vor den eigenen Besitzern ist es sicher. Er lernt, dass er sich nicht darauf verlassen kann, dass er, wenn ihm etwas gegeben wird, es auch behalten und damit Spaß haben darf, sondern er immer wieder mit der Hand des Kindes rechnen muss. Anfangs sind es wieder Anzeichen und er wird uns körpersprachlich mitteilen, dass er verärgert ist. Wenn wir ihn zu sehr reizen und seine Zeichen wieder falsch verstehen oder übersehen, wird er auch hier irgendwann nur noch einen Ausweg kennen und beim Stehlen des Spielzeugs in die Kinderhand beißen. Daher sollten wir unbedingt darauf achten, dass unser Kind das Spielzeug des Hundes nicht vor seiner Schnauze entwendet und daraus ein eigenes Spiel macht. Umgekehrt werden wir es genauso wenig dulden, wenn der Hund sich die Stofftiere unseres Kindes klaut und kaputt macht. Beide Parteien sollten hier daher strikt trennen können.

Schlimmer noch verhält es sich beim Futter. Fressen ist ein natürliches Bedürfnis unseres Hundes. Wir werden in der Erziehung darauf achten, dass unser Hund nicht ständig bettelt, dass er lernt, unser Essen nicht vom Tisch zu klauen und bei Fremden auf der Straße die Taschen zu leeren. Genauso wichtig ist es, dass wir und unser Kind dem Hund nicht sein Fressen wegnehmen.

Es gibt den Gedanken, dass ein Hundebesitzer stets in der Lage sein muss, in die Schüssel des Hundes zu greifen oder sie ihm sogar für einige Sekunden entreißen und dann wieder geben zu können. Dies soll ein Zeichen von Führung und Dominanz sein, welche in einer harmonischen Mensch-Hund-Beziehung aber nicht existiert. Denn haben wir diesen Gedanken einmal hinterfragt? Wieso müssen wir das tun? Es gibt keinen vernünftigen Grund, wieso wir einem Tier, welches in freier Wildbahn instinktiv gelernt hat, seine Beute vor Feinden zu verteidigen, sein Futter geben und sofort darauf wieder wegschnappen sollten. Wenn wir von Beginn an unserem Hund die Schüssel hinstellen und ihn in Ruhe fressen lassen, ohne hineinzugreifen, ohne den Hund anzureden oder großen Trubel um ihn herum zu veranstalten, wird er uns nie als natürlichen Feind bezüglich seines Futters sehen und es somit auch nie vor uns verteidigen. Er wird lernen, dass er uns auch in dieser Hinsicht vertrauen kann, ohne dass wir hier irgendwelche Trainingsmaßnahmen setzen müssen. Wir sollten daher auch unseren Kindern lernen, den Hund in Ruhe fressen zu lassen, ihn nicht zu stören, sich nicht daneben zu setzen oder hineinzugreifen. Wir bringen dem Hund ja auch bei, unserem Kind nicht die Semmel aus der Hand zu klauen, auch wenn sie sich gerade in Nasenhöhe befindet.

Ebenso wichtig sind die Rückzugsorte unseres Hundes. Wir haben bereits gelernt, wieso ein Rückzugsort wichtig ist und dass wir unserem Hund mehr als nur einen anbieten. Dies sollten wir auch unseren Kindern unbedingt verständlich machen. Immer wieder sehen wir nette Fotos von Kindern, die im Hundekorb liegen und bei ihrem vierbeinigen Freund schlafen oder gar auf ihm liegen. Doch sehen wir das wirklich als die Ruhe, von der wir vorab gesprochen haben?

Stellen wir uns vor, unser Kind kommt von einem langen und anstrengenden Kindergarten- oder Schultag nach Hause oder streitet mit uns, ist vielleicht traurig oder einfach nur müde. Was wird unser Kind vermutlich tun?

Normalerweise wird es sich in seinem Zimmer zurückziehen, die Türe schließen und sich für einige Zeit alleine beschäftigen oder ein wenig dösen. Wenn sie etwas angestellt haben oder wir gerade beim Arbeiten unsere Ruhe benötigen, werden wir unser Kind ebenso auf sein Zimmer schicken und es bitten, sich für einige Zeit alleine zu beschäftigen. Jedes Mal läuft es auf einen Rückzugsort hinaus, an dem es ungestört ist. Auch unser Hund benötigt einen Ort, an dem er alleine sein kann. Den meisten Hunden reicht ein Körbchen aus, manche benötigen vielleicht höhlenartige Boxen, um richtig entspannen zu können. Wie auch immer sein Ort aussehen mag, er sollte ungestört sein und nicht da, wo wir und unser Kind uns nicht aufhalten.

Bei unseren Spaziergängen können wir unsere Kinder natürlich mit einbeziehen und ihnen auch ab und an die Leine geben. Je nachdem, wie alt unser Kind ist, sollten wir aber abschätzen können, wann es verantwortungsvoller wäre, den Hund selbst zu führen, beispielsweise bei Hundebegegnungen oder Straßenkreuzungen. Es gibt gesetzlich keine Regelung, außer es handelt sich um Listenhunde, wann ein Kind alt genug ist, um alleine spazieren zu gehen oder den Hund zu führen, denn jedes Kind ist anders und unterscheidet sich von gleichaltrigen Kindern. Wir können unser Kind daher in die Hundeschule mitnehmen, damit es den Umgang mit der Leine lernt und wir sehen können, wie es funktioniert. Wir sollten aber immer im Hinterkopf behalten, dass wir zwar unser eigenes Kind und unseren eigenen Hund kennen, aber niemals die Hunde, die unserem Kind beim Spaziergang entgegenkommen.

Kapitel 6
GRUNDLAGEN DER KÖRPERSPRACHE

Wir haben nun schon des Öfteren mitbekommen, wie wichtig es ist, unseren Hund verstehen zu können, sei es für ein gutes Zusammenleben, einen positiven Einzug, beim Training oder im Umgang mit Artgenossen und unseren Kindern. Die Körpersprache des Hundes ist sehr ausgeprägt und es wird Zeit brauchen, bis wir die Sprache unseres Hundes richtig kennen. Genauso wie einen Menschen lernen wir einen Hund nicht in wenigen Sekunden kennen, sondern es erfordert Zeit und es werden immer wieder neue Situationen auf uns zukommen. Wir können uns aber ein Grundwissen über seine Sprache aneignen, um hier schon mal ein wenig vorzuarbeiten. Sehen wir uns also an, wie wir ein paar wichtige Charakterzüge erkennen und richtig deuten können.

Am Wichtigsten in der Kommunikation des Hundes sind die sogenannten Beschwichtigungssignale. Sie dienen dem Hund zur Konfliktlösung beziehungsweise zur Konfliktvermeidung und dazu, sich selbst zu beruhigen. Es ist wichtig, dass wir diese Signale verstehen, erkennen und in manchen Situationen sogar selbst anwenden können. Wir können durch den richtigen Umgang und korrektes Verhalten vermeiden, dass unser Hund in eine Situation kommt, in derer sich nur noch durch Beißen zu helfen weiß. Wie wir schon im Umgang zwischen Hund und Kind gelernt haben, kommt so ein Biss nie plötzlich. Oft wurde das Verhalten des Hundes vorab schon missverstanden oder ist schlichtweg untergegangen. Sorgen wir also täglich dafür, dass unser Hund nicht in diese Lage kommt, indem wir ihm zeigen, dass wir ihn verstehen, richtig reagieren und ihm eventuell in Konfliktsituationen auch helfen können.

Es gibt unzählige Beschwichtigungssignale und je nach Hund wird das eine oder andere Signal öfter verwendet und manche Signale gar nicht. Sehen wir uns daher die häufigsten Beschwichtigungssignale einzeln an.

SCHLECKEN DER NASE

Das Ablecken der Nase gehört in den Alltag des Hundes. Er reinigt sich nach der Futteraufnahme oder schleckt sich ungeduldig die Nase, weil er den Keks in unserer Hand kaum noch erwarten kann und ihm das Wasser bereits im Mund zusammenläuft. In solchen Situationen ist es ein rein zweckdienliches und unaufgeregtes Verhalten. Aber es gibt Momente, in denen es überhaupt nicht ums Futter geht und der Hund sich trotzdem über die Nase schleckt. In diesem Fall würde es sich um ein Beschwichtigungssignal handeln. Sehen wir uns ein Beispiel an. Wir gehen mit unserem Hund in den Hundepark, wo er auf fremde Hunde und Menschen trifft. Er ist ein freundlicher Hund und er begrüßt daher auch die Herrchen und Frauchen seiner neuen Freunde. Die erste Reaktion der Menschen? Sie müssen diesen Hund streicheln! Meist beugen sie sich dann vornüber und greifen auf direktem Wege, also von oben, auf den Kopf. Unser Hund hat Vertrauen in den Menschen und lässt es zu, aber schleckt sich dabei über die Nase. In diesem Fall würde er uns sagen wollen: „Es ist ok, aber etwas unangenehm". Wir Menschen können uns deutlich ausdrücken. Wenn uns jemand Fremdes zu nahe kommt, können wir sagen, dass er bitte Abstand halten soll. Wir können mit kurzen klaren Worten kommunizieren und für uns unangenehme Situationen vermeiden. Unser Hund versucht hier, den fremden Leuten auf seine Weise das Gleiche mitzuteilen, aber es wird nicht wahrgenommen. Wir als Besitzer können unserem Hund helfen und die Menschen bitten, ihn beim nächsten Mal bitte nicht mehr auf dem Kopf zu streicheln, da er das nicht gerne hat, oder einfach nicht von oben auf ihn zuzukommen. Es ist unsere Verantwortung, auf unseren Hund aufzupassen, und auch ein Vertrauensbeweis, wenn er merkt, dass wir ihn verstehen und uns darum kümmern.

ZUSAMMENKNEIFEN DER AUGEN

Dieses Beschwichtigungssignal wird häufig verwendet, wenn ein Hund angestarrt wird. Direkter Augenkontakt, der länger andauert – oft sind schon ein bis zwei Sekunden zu viel – wird als sehr unhöflich und provozierend gedeutet. Hunde, die sich gegenseitig anstarren, geraten oft Sekunden später in einen Streit. Genauso empfindet es ein Hund, wenn wir Menschen ihn anstarren. Es ist für uns eine große Umstellung, dies zu vermeiden. Unter uns Zweibeinern gilt es als unhöflich, wenn man sich in einem Gespräch nicht in die Augen sieht, sich wegdreht oder in eine andere Richtung spricht. Außerdem haben unsere Hunde oft so wunderschöne und treue Augen, in denen man sich einfach verlieren kann. Wir sollten seine Gefühle aber respektieren und darauf achten, dass wir es im Rahmen halten. Es gibt Vertrauensübungen zwischen Hund und Mensch, bei denen man den Hund jedes Mal, wenn er uns in die Augen sieht, mit einem guten Keks belohnt. So können wir mildern, dass er das Anschauenvon uns Menschen als provozierend empfindet. Dennoch können wir es nicht immer vermeiden und sollten vor allem bei fremden Menschen oder Kindern darauf achten. Oft können sich Kinder nicht an den Hunden sattsehen und sind bei größeren Hunden noch dazu auf Augenhöhe. Wenn wir merken, dass unser Hund dann beispielsweise die Augen kneift, um zu beschwichtigen, sollten wir uns darum kümmern, dass dies von seinem Gegenüber respektiert wird. Handelt es sich dabei um einen Menschen, bitten wir den Menschen, wegzusehen. Handelt es sich dabei um einen Hund, können wir unseren Hund herbeirufen, um ihn komplett aus der Situation zu holen und so den Augenkontakt zu unterbrechen.

KOPF/KÖRPER ZUR SEITE DREHEN

Dies ist eines der häufigsten Beschwichtigungssignale und kommt der menschlichen Körpersprache sehr nahe. Es wird in sehr vielen unterschiedlichen Situationen angewandt. Es ist ein wichtiges Signal in der Hundebegegnung, aber auch zwischen Mensch und Hund. Wir alle haben es bestimmt schon einmal bei Hunden beobachten können. Widmen wir uns noch einmal dem ersten Beispiel, in dem der Hund von oben auf dem Kopf gestreichelt wird. Hier wäre es durchaus auch möglich, dass der Hund sich nicht an der Nase schleckt, sondern es gleich deutlicher sagt, indem er den Kopf zur Seite dreht oder gar den Körper abwendet. Es wird oft als normale Bewegung interpretiert, denn gerade in einem Hundepark steht kein Hund nur still da. Es wird dann einfach dort weitergestreichelt, wo die Hand noch hinlangt. Die richtige Reaktion wäre jedoch, einfach aufzuhören, da unser Hund es nicht mehr möchte oder gar als unangenehm empfindet. Besser verstanden wird dieses Signal unter Artgenossen. Wenn sich zwei Hunde begegnen und beschnüffeln, kommt es oft vor, dass sich einer der beiden zur Seite dreht. Dies ist nicht unhöflich oder ignorierend. Im Gegenteil, die Hunde wollen zeigen, dass sie auf keinen Konflikt aus sind und dass sich der andere Hund entspannen kann.

GÄHNEN

Dieses Beschwichtigungssignal hat ebenso wie das Schlecken an der Nase auch eine andere Funktion. Unser Hund gähnt wie wir Menschen ebenfalls, wenn er müde ist. Hier müssen wir also wieder die Situation rundum betrachten und erkennen, wann das Gähnen als beschwichtigend gilt. Weiters setzt unser Hund es aber auch zur eigenen Beruhigung ein. Ein Beispiel hierfür ist vor dem Spazierengehen. Es gibt Hunde, die sich enorm auf ihre Spaziergänge freuen und sich dann sehr aufgeregt zeigen. Fängt er dann zum Gähnen an, will er uns keinesfalls damit sagen, dass er zu müde zum Spazieren ist und lieber zu Hause bleibt. Wenn wir dieses Signal ignorieren, haben wir vermutlich die Situation, dass unser Hund den Turbo einschaltet, sobald die Türe offen ist und uns direkt an der Leine hinterher schleift. Wir würden uns also beiden einen Gefallen tun, wenn wir auf sein Gähnen reagieren und ihn sich erst einmal beruhigen lassen. Wir sollten ihm in aller Ruhe sein Geschirr anziehen können, die Leine anlegen und entspannt die Türe öffnen. Bestenfalls lassen wir unseren Hund absitzen. Wenn er ruhig sitzt, legen wir ihm das Geschirr an. Er darf dann ruhig kurz herum tänzeln, aber um ihm die Leine anzulegen, sollten wir ihn wieder absitzen lassen. Auch die Türe wird erst geöffnet, wenn er ruhig sitzt. Er lernt dadurch, nur ruhig und entspannt an sein Ziel zu kommen und nicht hektisch und aufgeregt. Je öfter wir dies tun, desto schneller wird er es lernen und desto angenehmer wird das Gassigehen.

SICH HINSETZEN ODER HINLEGEN

Dieses Beschwichtigungssignal sieht man häufig zwischen Artgenossen. Wir alle kennen bestimmt den einen oder anderen Hund, der sich immer, wenn er anderen Hunden begegnet, vor sie legt oder setzt. Auch das ist eine Art, einen Konflikt zu vermeiden. Er zeigt dem anderen Hund dadurch, dass alles in Ordnung ist und er nichts Böses im Sinne hat. Dies bedeutet nicht automatisch, dass jeder, der stehen bleibt, auf einen Konflikt aus ist. Es ist lediglich ein Charakterzug mancher Hunde, sehr, sehr deutlich von Anfang an zu zeigen, dass sie keinen Konflikt wollen. Wir kennen es vermutlich unter dem Begriff „unterwürfig sein". Es heißt nicht, dass der Hund, der sich niederlegt, automatisch der Schwächere ist oder den anderen Hund als „Rudelführer" wahrnimmt. Es gibt, entgegen jeden Irrglaubens, unter fremden Hunden keinen Anführer, da sie kein Rudel sind. Wir müssen uns das so vorstellen: Gehen wir mit unserem Hund spazieren oder in einen Hundepark, ist die oberste Priorität, dass sie gut mit Artgenossen auskommen, miteinander spielen und sich höflich zeigen. Sie bilden weder ein Rudel, noch sind sie automatisch eines, wenn sie sich öfter sehen. Wenn alle großen Firmenchefs im gleichen Park spazieren gehen, gibt es keine Firma, die sie leiten müssen, sie lernen lediglich Gleichgesinnte kennen. Das ist beim Hund nicht anders. Ein Rudel existiert lediglich unter gemeinsam lebenden Artgenossen. Haben wir also beispielsweise zwei Hunde, sind diese beiden ein Rudel und wir werden feststellen können, wer mehr zu sagen hat. Auch wir als Mensch zählen nicht zu diesem Rudel, da wir schlichtweg keine Artgenossen sind. Somit sollten wir von dem Gedanken wegkommen, dass sich Hunde im Park „den Rang ausmachen" oder „ins Rudel integriert werden". Legt sich unser Hund also vor anderen Hunden hin, ist es lediglich seine Art und Weise, ihnen zu zeigen, dass er freundlich ist und sie gerne kennenlernen möchte.

SCHNÜFFELN AUF DEM BODEN

Wir haben von diesem Verhalten schon im Kapitel Hund aus dem Tierheim gehört. Erinnern wir uns an die Situation, in deruns ein Hund vorgestellt wird, der uns nicht beachtet, sondern seelenruhig die Umgebung erschnüffelt und markiert. Dieses Verhalten ist auch unter Hunden nicht unüblich. Abgesehen davon, dass Schnüffeln irrsinnig wichtig für unsere Vierbeiner ist und bei jedem Spaziergang erlaubt und gefordert werden sollte, kann es bei einer Begegnung zweier Hunde oder eben zwischen Mensch und Hund als Beschwichtigungssignal eingesetzt werden. Der Hund könnte uns hiermit beispielsweise sagen: „Ich tue dir nichts und beobachte erst einmal nur, tu du mir auch nichts!" Unter Hunden kann es sein, dass der andere Hund in der Zwischenzeit ebenfalls beobachtet oder sogar weggeht. Hier wäre es unhöflich, wenn er die Chance nützt und am Hinterteil unseres Hundes schnüffelt. Oft erschrecken sich die Hunde dann und gehen weiter weg. Auch wir Menschen sollten den Hund hier schnüffeln lassen. Wenn wir also mit unserem Hund in den Park gehen und er an Menschen vorbeiläuft, aber in ihrer Nähe schnüffelt, sollten wir darauf achten, dass sie sich ihm nicht nähern oder ihn streicheln, da unser Hund offenbar noch ein wenig Zeit benötigt.

TIEFSTELLUNG VORDERKÖRPER

Diese Position nimmt unser Hund in vielen Situationen ein. Es kann eine Spielaufforderung sein, was vermutlich am häufigsten beobachtet wird. Ebenso dient sie als Pause vom Spielen. Sie vergewissern sich quasi, dass alles in Ordnung ist und die Situation von allen Beteiligten noch als Spiel angesehen wird. Sie wird auch oft in Momenten der Unsicherheit beobachtet. In dem Fall wäre es kein Beschwichtigungssignal, sondern eine Übersprungshandlung (siehe nächstes Kapitel). Als Beschwichtigungssignal können wir es also deuten, wenn es eindeutig nicht zum Spiel auffordern soll, beispielsweise bei der Begegnung mit fremden Menschen. Oft nähert sich uns ein Hund und beugt sich dann mit der Schnauze voran nach vorne, um sich dann langsam in unsere Richtung zu strecken. In so einem Fall sollten wir zusätzliche, eventuell entstehende Unannehmlichkeiten für den Hund vermeiden. Im Idealfall lassen wir ihn einfach in Ruhe an uns schnüffeln und reden ihn mitnetter, etwas höherer Stimme an, um ihm ebenfalls zu verdeutlichen, dass auch wir auf keinen Konflikt aus sind. Hier sollten wir beispielsweise das Streicheln am Kopf vermeiden. Dies mögen viele Hunde schlichtweg nicht, vor allem nicht von Fremden. Wir gehen also den sichersten Weg, indem wir ihn, nachdem er wieder aufrecht steht, auf der Körperseite streicheln und uns dabei nicht über ihn drüber beugen. So können wir dem Hund die gleiche Höflichkeit entgegenbringen, die er uns schenkt.

Einige dieser Beschwichtigungssignale können wir selbst immer wieder anwenden. Wenn wir zum Beispiel merken, dass wir einem fremden Hund im Park etwas unheimlich sind, können wir vermeiden, ihn anzustarren und bestenfalls auch unseren Körper oder Kopf von ihm abwenden. Unsere Begleiter verstehen diese Art von Körpersprache, auch wenn wir Menschen sie anwenden. So können wir auch viele Unsicherheiten vermeiden und mit bestem Wissen und Gewissen unseren geliebten Vierbeinern höflich und respektvoll begegnen.

Kapitel 7
ÜBERSPRUNGSHANDLUNGEN

Wir kennen nun schon einen wichtigen Teil der Körpersprache und können somit gut auf unseren Hund eingehen, ihm in manchen Situationen helfen und ihn auch selbst respektieren. Ein ebenso wichtiger Teil seiner Körpersprache sind die Übersprungshandlungen, die oft aus einer Unsicherheit heraus entstehen. Wenn sich der Hund in einer Situation nicht sicher fühlt, kommt es vor, dass er nicht weiß, wie er sich verhalten soll und dann bestimmte Verhaltensmuster an den Tag legt.

Wir erkennen sie daran, dass es sich meist um ein Verhalten handelt, das in der bestimmten Situation komplett unerwartet und zweckfrei ist. Wir können diese Muster auch bei uns Menschen beobachten. Eine klassische Übersprungshandlung bei uns ist zum Beispiel das Fingernägelkauen. Viele von uns haben die Angewohnheit, bei großem Stress oder Nervosität an den Nägeln zu kauen. Andere wiederum wirken, als wären sie unter Strom, und wackeln im Sitzen mit dem Fuß hin und her. So verhalten sich auch unsere Hunde „komisch", wenn sie nervös, gestresst oder unsicher sind. Sie verschaffen sich durch sinnfreie, spontane Handlungen etwas Zeit, um die Situation besser einschätzen zu können. Die häufigsten Verhaltensmuster beim Hund sind beispielsweise das Leinebeißen, plötzliche Spielaufforderungen, Kratzen ohne Juckreiz und viele mehr.

Streng genommen kann jedes Verhalten unserer Hunde eine Übersprungshandlung sein. Wir können also nur anhand der vorhergehenden Situation und des vorhergehenden Verhaltens erkennen, ob es sich um eine Übersprungshandlung handelt. Passt sein Verhalten nicht zu seinem Verhalten und der Situation davor und ergibt sie auch im jetzigen Moment keinen Sinn, können wir davon ausgehen, dass es sich um eine solche Handlung handelt. Der Hund versucht, durch unpassendes Verhalten aus der Situation zu fliehen, sie quasi zu überspringen.

Unsere Aufgabe ist somit, dem Hund die Situation entweder angenehmer zu machen oder ihn komplett herauszuführen. Dies setzt voraus, dass wir unseren Hund verstehen und lesen können und erkennen, was der Auslöser dieser Übersprungshandlung ist. Gehen wir beispielsweise mit unserem Hund für einen Spaziergang aus der Wohnung und er fängt plötzlich an, in die Leine zu beißen, sollten wir beobachten, welcher Umweltreiz für seine Handlung gesorgt hat. Es kann sein, dass es alleine am Verlassen der Wohnung liegt oder aber auch an einer Hundebegegnung, einem Geräusch, an der Leine etc.

Wichtig ist, dass wir ihn nicht in den Handlungen unterstützen oder sie verstärken. Beim Beispiel Leinebeißen ist es daher kontraproduktiv, wenn wir mit aller Kraft versuchen, die Leine zurück zu erobern, denn dann machen wir ein Spiel daraus und der Hund wird nur noch aufgeregter. Fordert er uns beispielsweise zum Spielen auf, sollten wir nicht mitmachen und seinen Ball werfen oder mit ihm rangeln. Auch das hätte keine wünschenswerten Folgen.

Die sicherste Variante, die wir in dem Fall wählen können, ist, ihn zu ignorieren oder ihm ein anderes Verhalten vorzuschlagen. Wir können ein Stück weiter gehen, falls es an einer Hundebegegnung lag, aus der Sicht des Hundes gehen, wir können stehen bleiben und ein paar Übungen wie Sitz und Platz machen, um ihn geistig zu beschäftigen, oder wir wenden uns von ihm ab. Welche Variante wir auch immer wählen, wir sollten ruhig und selbstsicher dabei sein, um dem Hund Klarheit zu vermitteln. Bestenfalls sprechen wir auch mit einem Trainer, anderen Hundebesitzern oder in unserer Hundeschule darüber, um sicher zu gehen, dass wir richtig reagieren.

Kapitel 8
UNSER EIGENES VERHALTEN

Zu guter Letzt soll dieses Buch dazu beitragen, zukünftige Hundebisse zu vermeiden. Wir alle wollen glücklich und friedvoll mit unserem Vierbeiner durchs Leben gehen, ohne andere zu verletzen oder selbst verletzt zu werden. Wir wünschen uns ein integriertes, freundliches Familienmitglied. Um nun von Beginn an zu verhindern, dass es einmal dazu kommt, dass unser Hund beißt oder wir von einem anderen Hund verletzt werden, sollten wir verstehen lernen, wieso und vor allem wie es zu einem Biss kommen kann. Wir haben schon beim Thema Kind mit Hund gelernt, dass ein Biss keine plötzliche, unerwartete Reaktion ist, sondern einiges an Fehlverhalten voraussetzt. Sehen wir uns daher beide Seiten an. Wie kann ich meinen Hund bestmöglich erziehen und wie kann ich es verhindern, von anderen verletzt zu werden? Folgende Seiten dienen sowohl uns Erwachsenen als auch unseren Kindern.

DER WEG ZUM BISS DES EIGENEN HUNDES

Ein Hund beißt nicht willkürlich. Er beißt aus Verzweiflung. Er weiß nicht, wie er sich sonst noch „retten" soll – sei es nun Menschen oder Hunden gegenüber. Auch wir Menschen haben eine lange Reaktionskette in für uns gefährlichen Situationen. Stellen wir uns vor, wir werden angegriffen, bedroht, beschimpft oder gar gemobbt. Vermutlich versuchen wir, erst einmal die Situation zu deeskalieren. Wir versuchen, mit Worten zu vermitteln, dass wir uns unwohl fühlen. Wenn dies nichts hilft, werden unsere Worte wahrscheinlich lauter, gemeiner und deutlicher. Unser Gegenüber hört allerdings immer noch nicht auf. Wir versuchen, vielleicht wegzugehen, doch selbst hier wird uns nachgegangen und weiter auf uns eingeschrien. Nochmals versuchen wir, deutlich zu machen, dass unser Gegenüber aufhören soll. Vielleicht gehen wir sogar energisch einen Schritt auf die Person zu und schreien nun bereits selbst. Die Person hört immer noch nicht auf? Oft versuchen wir dann, uns mit Drohungen wie zum Beispiel „Hör auf, sonst rufe ich die Polizei" zu helfen. Derjenige nimmt uns aber immer noch nicht ernst und schupst uns eventuell sogar von seiner Seite. Wir alle können uns nun gedanklich in diese Situation hineinversetzen und selbst überlegen, wie es weiter gehen würde. Machen wir mit? Fangen wir ebenso an, körperlich zu handeln? Oder setzen wir Drohungen in die Tat um? Laufen wir vielleicht davon?

Jeder Mensch ist anders und jeder Mensch lernt aus seinen Erfahrungen. Passiert uns so etwas ein zweites Mal, werden wir vermutlich schon anders reagieren. Vermutlich werden wir gleich laut und probieren es gar nicht mehr mit ruhigen Worten, denn wir haben gelernt, dass dies sowieso nichts bringt.

Genauso ist es bei unseren Vierbeinern.

Sie haben eine bestimmte Reaktionskette, die wie folgt aussieht:

1. Milde Beschwichtigungssignale
2. Weggehen
3. Starke Beschwichtigungssignale
4. Knurren
5. Zähne zeigen
6. Schnappen
7. Beißen

Stellen wir uns nun eine auf den Hund angepasste Situation vor. Nehmen wir unser Beispiel aus den Beschwichtigungssignalen: Ein fremder Mensch möchte unseren Hund streicheln. Er beugt sich vornüber und tätschelt ihm am Kopf. Unser Hund schleckt sich die Nase und zeigt damit, dass er sich unwohl fühlt. Wir sehen es nicht oder verstehen es nicht und somit werden wir auch die Menschen nicht bitten, ihn woanders oder gar nicht zu streicheln.

Im Laufe der Zeit begegnet er nun immer wieder Menschen und immer wieder muss er es sich gefallen lassen, am Kopf gestreichelt zu werden. Seine Signale werden ignoriert und von uns kommt keine Hilfe. Er probiert es also mit Weggehen. Doch was nun? Er ist ja so süß und so flauschig, also wird dem Hund ein Stück hinterhergegangen. Kaum eingefangen wird er wieder gestreichelt. Meist sieht man dieses Verhalten bei Kindern, die automatisch dem Hund hinterhergehen und nicht in der Lage sind, darüber nachzudenken, dass es einen Grund hat, wieso der Hund das Weite sucht. Nun ist es vermutlich auch egal, wo man ihn streichelt, er wird es aus Prinzip als nervig betrachten, denn eigentlich wollte er uns mitteilen, dass er es nicht möchte. Wieder vergeht ein wenig Zeit und der Hund lernt, dass ihm auch Weggehen keinen Frieden bringt. Er versucht also, in seiner Körpersprache deutlicher zu werden. Er dreht komplett den Kopf von uns weg, krümmt sich vielleicht ein wenig, wendet sich mit dem ganzen Körper ab – und wieder kein Erfolg. Denn dreht er sich weg, wird er zwar nicht am Kopf gestreichelt, aber der lange Rücken bietet sich für uns Menschen ja ebenso hervorragend an.

Wir bringen dem Hund also bei: egal wie deutlich er in seiner Sprache ist, es macht keinen Sinn. Wir sehen es nicht, wollen es nicht akzeptieren oder verstehen es gar nicht. Schauen wir uns nun die Reaktionskette des Hundes an, istder nächste Schritt das Knurren. Unser Hund hat nun bereits deftig die Schnauze voll, permanent bedrängt zu werden. Wir gehen mit ihm in den Park, wo wir andere Hundebesitzer treffen. Diese kommen auf uns zu, nähern sich also wieder unserem Hund und werden von ihm angeknurrt. Da wir seine vorherigen Versuche nicht verstanden haben, wird es für uns nicht nachvollziehbar sein, wieso unser doch so freundliche Hund plötzlich fremde Menschen anknurrt. Wir werden Ausreden finden wie „Er hat Angst vor Ihrem Regenschirm" oder schimpfen sogar mit unserem Hund. Folglich bringen wir ihm indirekt bei: auch mit Knurren kommst du nicht weiter. Keiner versteht, was du willst. Die Reaktioinskette des Hundes läuft immer weiter und für uns unerwartet und plötzlich beißt er. Er ist plötzlich der böse, aggressive Hund, den wir so nicht haben wollen. Passiert dies nun nicht mit fremden Menschen, sondern in der eigenen Familie oder gar mit unseren Kindern befinden wir uns in einer sehr heiklen Situation, da unser Hund uns vermutlich nicht mehr vertraut. Es kostet uns dann einiges an Arbeit, Training, Zeit und Nerven, dies wieder gerade zu rücken dem Hund wieder zu zeigen, dass wir künftig versuchen werden, seine Körpersprache zu verstehen, da diese der bessere Weg ist. Dies ist eine schwere und langwierige Aufgabe – lasst es uns daher nicht so weit kommen!

Wir sollten immer auf unseren Hund achten, immer versuchen, zu verstehen, was er uns mitteilen möchte, auch wenn es noch so klein und banal wirkt, und vor allem unsere Kinder in die Körpersprache des Hundes einweihen, wenn sie alt genug sind, oder die Kleinen einfach niemals alleine mit dem Hund lassen, um immer darauf achten zu können, dass sich beide wohlfühlen.

EIN BISS DURCH EINEN FREMDEN HUND

Wir verstehen nun, dass jeder Hund seine individuellen Erfahrungen hat, und verstehen die Körpersprache. Wir wissen auch, dass manche Hunde eventuell gelernt haben, sich bereits deutlicher als nur mit der Körpersprache an uns Menschen zu richten, und versuchen natürlich, auch fremden Hunden den Alltag nicht zu erschweren. Es ist wichtig, auch fremden Hunden eine gewisse Höflichkeit und Akzeptanz entgegen zu bringen. Wie können wir das idealerweise umsetzen?

Nicht anstarren!

Wir wissen bereits aus dem Kapitel der Beschwichtigungssignale der Hunde, dass schonlängerer Augenkontakt einen Konflikt auslösen kann und in der Sprache des Hundes als Aufforderung und Provokation gilt. Vermeiden wir es daher, fremden Hunden direkt in die Augen zu sehen. Hunde haben ein gutes Auge und erkennen millimetergenau, wo wir hinsehen. Es würde daher bereits ausreichen, wenn wir ihm zum Beispiel auf die Schnauze oder einfach zwischen und nicht direkt in seine Augen schauen.

Nicht über den Hund beugen

Generell sollten wir uns angewöhnen, immer den Besitzer vorher zu fragen, ob es in Ordnung ist, wenn wir seinen Hund streicheln. Egal, ob an der Leine oder freilaufend im Hundepark – der Besitzer weiß im besten Fall, was seinem Hund gefällt und was nicht, und kann uns rechtzeitig sagen, wenn wir es unterlassen sollen. So müssen wir den Hund gar nicht erst in die Situation bringen, es uns selbst sagen zu müssen. Dadurch ersparen wir ihm vielleicht eine weitere Enttäuschung und zeigen ihm, dass wir keine Gefahr sind, da wir ihn in Ruhe lassen und er sich frei bewegen kann, ohne „Angst" haben zu müssen, dass wir ihn bedrängen. Sollten wir nicht fragen oder der Besitzer uns das Okay geben, ihn streicheln zu dürfen, sollten wir vermeiden, unseren Körper über den des Hundes zu beugen. Bei großen Hunden ist es einfacher, da wir meist nur unseren Arm bewegen müssen. Ist der Hund allerdings kleiner, sollten wir uns auch kleiner machen. Wir können uns hinhocken und ihm somit auf Augenhöhe begegnen.

Nicht die Hand zur Schnauze halten

Ebenso bedrängend wirkt es auf den Hund, wenn wir ihm unsere Hand vor die Schnauze halten. Früher dachte man, es wäre eine höfliche Art, dem Hund zu begegnen, da wir ihm anbieten, an uns zu riechen. Doch haben wir uns schon einmal gefragt, ob das notwendig ist? Ein Hund riecht auf Kilometer immer noch besser, als wir Menschen uns das vorstellen können. Vermutlich riecht er unser Parfum oder unseren körpereigenen Geruch schon lange, bevor wir überhaupt Sichtkontakt mit dem Hund haben. Es ist also in keinster Weise notwendig, ihm unsere Hand direkt auf die Schnauze zu halten – im Gegenteil! Wir nehmen ihm damit die Möglichkeit, selbst zu entscheiden, wie nah er uns sein möchte, und bedrängen ihn somit.

Wenn wir nun einem Hund begegnen, der bereits gelernt hat, dass seine Körpersprache als Kommunikation nicht ausreicht, laufen wir auch noch Gefahr, dass er nach unserer Hand, die wir ihm ja so schön anbieten, schnappt.

Nicht von oben auf den Kopf greifen

Allgemein kann man sagen, dass ein Großteil der Hunde es nicht als angenehm empfindet, wenn die Hand von oben herab auf sie zukommt. Die meisten werden sich als erste Reaktion darauf vermutlich ducken. Greifen wir nun trotzdem weiter hinunter, bringen wir den Hund in eine wirklich unangenehme Situation. Zu vergleichen ist es vermutlich damit, wenn wir von einem Menschen umarmt werden, den wir überhaupt nicht kennen. Wir alle haben einen gewissen Individualabstand, den wir zu anderen, vor allem fremden Menschen einhalten. Für den einen ist er größer, für den anderen kleiner. Ist unser Individualabstand nun groß und wir halten gewöhnlich zumindest einen Meter Abstand und strecken die Hand zur Begrüßung aus, werden wir uns sehr unwohl fühlen, wenn unser Gegenüber einfach an unserer Hand vorbei geht und uns fest umarmt. Nicht anders fühlt sich der Hund, wenn er nicht gestreichelt werden möchte, wir ihn aber zwingen. Wir verhalten uns also immer höflicher, wenn wir mit unserer Hand von der Seite unter den Kopf kommen und ihn im Bereich der Schultern streicheln.

Nicht festhalten

Wie soeben besprochen, fühlt sich kein Hund wohl, wenn er gerade keine Lust auf Streicheleinheiten hat, wir das aber ignorieren. Daher versteht es sich von selbst, dass wir einen Hund niemals festhalten, nur damit er von uns oder Fremden gestreichelt werden kann. Ebenso wenig halten wir fremde Hunde fest, die sich gerade von uns abwenden wollen, oder greifen einfach hin, wenn sie angeleint sind. Die Leine ist für den Hund gleichzusetzen mit Festhalten, da er keine Möglichkeiten hat, wegzugehen.

Unbeaufsichtigte Hunde in Ruhe lassen

Hin und wieder werden wir auch auf Hunde treffen, die gerade ohne Besitzer in unserer Nähe sind. Ein gutes Beispiel hierfür ist bei einem Supermarkt. Da Hunde nicht mit ins Geschäft dürfen, werden sie vor dem Eingang angebunden. Man sollte dies aus Risikogründen als Hundebesitzer vermeiden, doch für ein oder zwei Minuten, wenn man nur noch schnell die vergessene Milch holt, ist es bestimmt kein Problem. Wir können uns vorstellen, dass es für den Hund sicher nicht angenehm ist, plötzlich alleine, angebunden auf der Straße auf seinen Besitzer warten zu müssen. Ebenso wenig entspannt ist vermutlich der Besitzer, da er keine Kontrolle mehr darüber hat, was draußen mit seinem Hund passiert. Wir können hier ganz einfach Respekt zeigen, indem wir ihn nicht anreden, nicht anstarren oder gar füttern. Schon gar nicht sollten wir ihn streicheln. Sein Besitzer wird bald wieder da sein und dem Hund all das selbst geben können.

SCHLUSSWORT

Wir haben uns nun Gedanken darüber gemacht, welche Rasse oder Art am besten zu uns passt und wie wir uns den Alltag vorstellen. Wir kennen unsere Möglichkeiten bei der Anschaffung und haben uns über die erste Zeit mit dem Hund viele Gedanken gemacht.

Wir wissen, dass wir mit einfachen Tricks und guter Beobachtung unseren Hund verstehen lernen können und was es bedeutet, einen Hund aus dem Tierschutzbereich oder von einem Züchter zu nehmen. Uns ist nun klar, dass beides eine Herausforderung beinhaltet, aber dass wir uns durch gute und positive Erziehung den Alltag erleichtern können. Wir wissen, dass es wichtig ist, den Hund zu verstehen und gegenseitiges Vertrauen und Respekt aufzubauen und dass wir uns von vielen Seiten Hilfe holen können, wenn wir sie benötigen. Wir sind nun gut vorbereitet und haben uns genügend Gedanken über unser neues Familienmitglied gemacht. Nun können wir uns mit bestem Wissen und Gewissen auf den Weg machen und einem Hund ein liebevolles und artgerechtes Zuhause schenken.

Die Autorin

Nicole Kala, 1993 in Wien geboren, ist ausgebildete Erziehungsberaterin für Hunde und setzt sich für den Tierschutz ein. In ihrem Ratgeber „Der richtige Hund für mich" gibt sie ihre Erfahrungen aus der Praxis an alle künftigen Hundebesitzer weiter.

Der Verlag

> *Wer aufhört
> besser zu werden,
> hat aufgehört
> gut zu sein!*

Basierend auf diesem Motto ist es dem novum Verlag ein Anliegen neue Manuskripte aufzuspüren, zu veröffentlichen und deren Autoren langfristig zu fördern. Mittlerweile gilt der 1997 gegründete und mehrfach prämierte Verlag als Spezialist für Neuautoren in Deutschland, Österreich und der Schweiz.

Für jedes neue Manuskript wird innerhalb weniger Wochen eine kostenfreie, unverbindliche Lektorats-Prüfung erstellt.

Weitere Informationen zum Verlag und
seinen Büchern finden Sie im Internet unter:

w w w . n o v u m v e r l a g . c o m